熱血教師 **陳宗義** 著

蛻變

陪你從平凡到不凡

50個感動人心的青春故事
讓你找回熱情不卡關

Change for the Better Me!

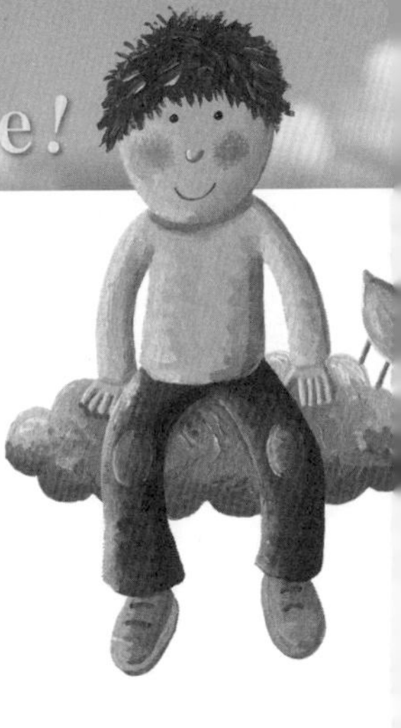

☆成長是發現自己能做什麼，

☆成熟是明白自己該做什麼。

這本書送給每個付出過熱血青春的夥伴

教育從不簡單，但你並不孤單，讓我們一起堅持初衷，勇敢發光！

夢想不足以到達遠方，但到達遠方的一定有夢想

在這個孩子普遍不喜歡讀書的時代，孩子卻總把「宗義老師說」放在嘴邊，這讓我非常好奇，是什麼樣的方式能贏得孩子這樣的認同。

本書中有很多十多歲到三十歲值得尊敬的樣子，是很適合孩子跟年輕教育工作者閱讀的好書。世界其實是一個表演的大舞台，雖然不是每個人都能當導演，但是卻可以成為最佳主角，去扮演好自己的角色，而那句「如果我當老師，我想跟你一樣。」是出自於孩子打從心底的認同。

書中的故事傳達的不單單只是事情，也同時分享了對於情緒的處理跟格局的提升，即使現在回頭看，已有更好的解決方式，但故事仍然照著當時的狀況寫下，我想這就是宗義老師一直以來被孩子們喜歡的原因，不單單只是用口述，更是以身作則，去告訴夥伴們必然會遇到的困難，即使敗下陣來也沒關係，去實踐、挑戰「人生」這個難題，並把它在課堂上跟學生分享。

PREFACE

宗義老師對孩子的成績幫助是巨大的。

除了利用故事跟自身經驗喚醒孩子的學習動力，也能夠在正確的時間跟孩子溝通出正確的計畫，幫助孩子在學習中找到方向，階段性的一步步完成目標，用非常專業的方式跟孩子討論，尊重孩子同時也贏得孩子的尊敬。

這是一本用時間、熱情、眼淚寫成的佳作，一定要推薦給大家。

台灣大學　趙治宇教授

生活中的細微總讓人感動

我們生活中每天都在發生著不同的故事，能不能從這些故事中成長？有沒有看到故事中的智慧？會不會被這些故事所感動？知不知道故事背後的付出？這些都需要我們透過用心的觀察與反思。

蘇格拉底說：「未經審視的生命是配不起人類的！」這句話的意思就是說，我們具有省思生活的能力，而且要用心的發揮這樣的能力才配得起稱為人。曾子也說過：「吾日三省吾身，為人謀而不忠乎？與朋友交而不信乎？傳不習乎？」其中強調的也是自我省思，反省生活中的種種，並且建構出一個自我安身立命的原則，曾子說的「忠」、「信」、「學習」，就是他一生奉行的價值原則。東西方兩大哲人的共同智慧，宗義老師在這本書中具體的實踐了。

宗義是我二〇一二年在松山高中教過的學生，我很榮幸曾經擔任他的導師。高中時期他就是個非常認真好學的學生，畢業之後我們一直保持聯繫。當一個老師最開心的，莫過於看到學生畢業後的精彩表現，他的成功來自於他的用心與努力，我這個當老師的自然與有榮焉。

PREFACE

因為同樣從事教職，所以我們經常討論著與教育有關的議題，交換著如何輔導學生，與家長溝通、對話的各種方法與心得。很高興他將累積十年的心得透過文字分享給大家，這些經過反思的生活故事被轉化為生命的智慧，既讓宗義老師成為更加具有智慧的教育工作者，也讓閱讀的讀者們可以透過他平易近人、深入淺出的生活故事，學習到如何在生活中發現故事、掌握感受，並透過省思而習得智慧。這是一本個人成長的歷程故事記錄，也是對我們日常生活增長智慧有益的書。這麼精彩的故事書，當然要推薦給大家。

點亮生命教育理事長／復興高中前校長　劉桂光

先交心，再教人

作為一位曾受惠於陳宗義老師的家長，我深感榮幸能夠在這裡推薦孩子口中「熊老師」的專書。

短暫的熱情無法支撐任何一項專業，尤其在教育領域，而宗義老師則以持續了十餘年的熱情，透過文字將他的教育之路書寫成珍貴的紀錄。

宗義老師雖處於體制外的教育環境，卻以他的熱情與專業，不斷地為學生們點亮前進的路徑。他深知備考過程中的困難與挑戰，曾在無數次的考試季節，陪伴著學子們一同面對壓力，一同攻克難關。他的教學方式不侷限於知識的灌輸，更著重於啟發學生的思考與創意，使他們不僅在考試中取得好成績，更能夠培養出深厚的學習自信心。

這本書不僅是宗義老師的成長歷程，更是一扇深入教育內涵的窗口。宗義老師不僅傳授學科知識，更是引導孩子們處理情緒、提升人格的導師。他的文字深刻展現了如何在教育過程中處理情緒挑戰，並透過這些經歷提升自己的視野與格局。

宗義老師以真摯的筆觸，細膩地描繪了教育第一線的真實狀況，並將自己與夥伴、學生間的珍貴經驗分享。作為曾經的家長，我深切體會到宗義老師對學生的關愛與呵護，這

PREFACE

本書不僅是對學生的承諾，也是對每位家長的心聲，蘊含著對下一代成長的美好祝願。

在這個快速變遷的時代，教育者的角色與使命變得更加重要，宗義老師用他的經歷、故事和感悟，向我們展示了如何以「先交心，再教人」的態度，走向成功的教育之路。作為一位受惠家長，我深信這本書將成為引人深思、啟發心靈的佳作，無論是教育工作者，還是每一位關心教育、追求成長的人，都值得細細品味。

願這本書為我們帶來更多的思考、感悟和啟發，讓我們在教育的道路上，能夠更加堅定地「先交心，再教人」，共同為學生成長的每一步添磚加瓦。

學生家長　小林加繪子（林嘉慧老師）

教孩子，從以身作則開始！

宗義是我組織培訓課程的講師，也是我事業上的合作夥伴。

宗義的教學魅力，不僅深受學生喜愛，連一起共學的家長也願意一起坐下來聽完整課程。上宗義老師的課是有壓力、是有要求的，但家長們卻能夠坐在教室後方一起參與，和孩子一起成長、茁壯，我很好奇為什麼家長願意這樣投入？原因跟本書核心概念「以身作則」不謀而合。

事業上，宗義幫助我解決了很多與顧客之間的問題，對於他的專業，客戶從來沒有疑問。經營企業長久，我深知「信任」不能拿來做銷售，因為在交易中「建立信任」不是責任而是義務，「不好的東西靠推銷，好的東西靠行銷。」宗義真正做到了這點。

若你是「學生」，讀完本書肯定能找到一股往前的能量，為你自己努力；若你「正準備進入職場」，讀完本書你將擁有更高的格局跟視野，能幫助你達到想要的目標；若你「已經在職場」，讀完本書你將獲得一股重新出發、繼續往前的動力。

要知道——「鮮綠的幼苗將成長茁壯；成熟的果實則會逐漸凋零」，唯有鞭策自己不斷精進，才能有自己想要的未來。這是一本一定要推薦給大家的好書！

王晴天

PREFACE

自序

獲得夥伴的認同

這本書是送給每個付出過熱血青春的夥伴。也許是為期一年考試的夥伴（學生、家長、老師都是我們的夥伴），不管是會考還是學測，又或是任何一年期的競賽、表演等，這本書寫下我當老師十年的時間，遇到跟家長、同學溝通的經驗和結論，有建立團隊的方式、建立計畫表、做正確事情的心法等。

我以第一人稱書寫，總共有五十個故事，有些是我親身經歷、有些是我和別人討論、或是聽到非常打動我的事情，我把它分享給學生，都得到非常好的回饋，所以我把它紀錄下來。衷心希望看完本書的你，能夠不經歷我們當年的苦澀，卻可以拿回那股剛考完試、追求新事物的熱情。可以重新找到一個追求新事物、興趣，並設立一個目標而且對它充滿熱情，找回那份在年少時什麼都不懂的純粹追求，即使被嘲笑也無所謂，做自己想做的事情，然後做到最好的那份執著。

序言的最後，放上一句我常在課堂上提醒的話：「如果你不滿意你現在的生活，一天改變它一點點，一段時間回過頭來看就會有很多的不同。」做自己從來都不是自私，要求別人照著自己的意思做，才是自私。

期待你為自己的人生給出全部，你的人生值得最棒的生活體驗。

祝福你

宗義老師

目錄

CONTENTS

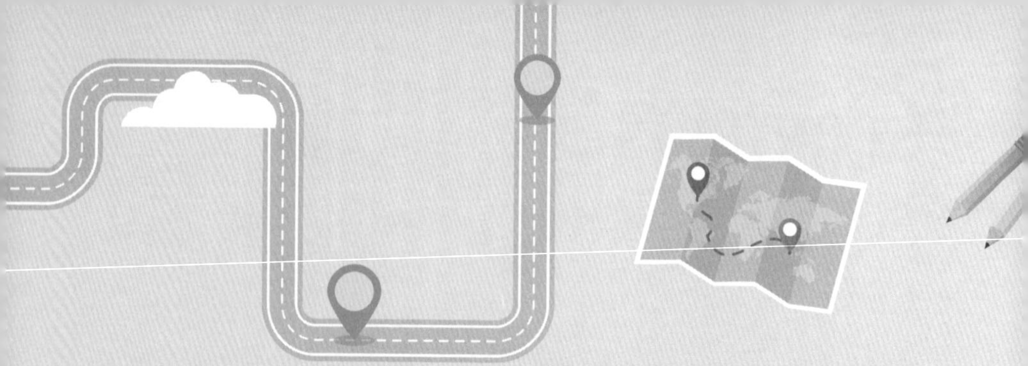

CONTENTS

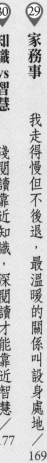

1 破冰

探索的不確定性

做為這本書的第一個故事，我希望能傳達兩個訊息：

第一個是對於探索時「不確定性的接受」，第二個是「看一個事情的關鍵」。

為了還一個夥伴的人情，只好答應幫他擔任體驗營隊的隊輔，工作內容是帶一群新夥伴玩大地遊戲（跑完營隊規定的路線）、帶團隊氣氛、維持夥伴的參與感。

當天的第一個活動是「破冰」，主辦單位只在大螢幕上給了這兩個字，並提示可以到舞台前方拿工具，工具有非常多的選擇，有筷子、湯匙、衣架、小槌子、原子筆等。因為這是第一天的第一個挑戰，而當天夥伴們也都還沒有吃早餐，因此我以為是要選一個餐具，等一下互相餵食早餐（因為我之前曾經參加過青年隊活動，有一次就是用超長筷子幫夥伴夾菜的經驗，所以我以為是類似的活動），於是我拿了一個鐵湯匙。

五分鐘之後，主辦單位推出邊長三十公分的正立方體冰塊，我和我的夥伴們互相傻瞪著眼，看著彼此手中的小湯匙，無奈的苦笑。

我想做任何事情都是這樣子。

從國中參加活動、高中選社團、大學選科系甚至是就業，都是在不知道會發生什麼的情況下做選擇，即使做了很多準備，事情有時也不會按照我們的預期發展。

不過沒有關係，參加活動最重要的不是完成什麼，而是「體驗」本身。每個團隊都會有拖油瓶，也都會有不願意參與的夥伴，但這都沒關係，因為如果我們能夠讓這些原本程度很差或是不願意參與的夥伴投入進來，那便會是一個很棒的經驗。

對了，我們「破冰」活動最後獲得第三名，都是因為每個夥伴拿著小湯匙全力投入、瘋狂敲打冰塊，雖然舉動看起來很荒唐，但卻是非常有趣的回憶。

這項活動的重點從來都不是真的要「破冰」，而是透過破冰這個過程傳達──「對於探索的不確定性」，第二項就是「讓夥伴參與活動的精神」，第三個是「透過競賽讓團隊凝聚向心力」。

除此之外，做為領隊的我，還要透過一開始的這個活動「觀察」每一位團員的情緒、參與度，以便「判斷」並分配任務與團隊角色。因此每一個活動都有它的意義，就像生活中每件事情都有它的意義，只是成員們多半沒有發現。

「專業」有非常多種，其中一種就是「熱忱加上經驗」，但是「熱忱終會褪去、經驗總要時間」。本書所收錄的故事，有很多都是「發生事情後成長的結論」，是幫助我把訊息跟理念傳遞給夥伴，並幫助夥伴們「節省時間」的寶貴經驗，而這些都是之前眾多夥伴的眼淚跟經歷所堆疊出來的寶藏。希望你讀完這些文章後，會有經歷那件事情並得到經驗跟能力的體會，但不用經歷我們所經歷的痛苦過程。

我並不是說讀完這些故事，你的生活就不會有壞人、就絕不會有這些痛苦，而是你可以帶著這些智慧跟經驗去經歷你的生活，你能更輕鬆、更穩定一些。

有一句很棒的話是**「你要先釋出善意，別人才願意聆聽你的話語。」**做為第一個故事的結尾，是想訴說這本書存在的價值，以及起心動念開始寫作的原因。

學生悄悄話

「希望能幫上一點忙，我們一起加油。」

我是在國九的必勝班和宗義老師認識的。

當時的我對於讀書沒有特別的想法，就算從小到大成績不算太差，但對於「讀書考試」這件事，我依舊是個完完全全的新手，直到宗義老師一步一步帶領著我們，我才得以更具體的了解「考試」究竟是怎麼一回事。

從複習講義的練習、模擬考的檢討、到製作自己的錯題本，宗義老師耐心地教導我們。而每一次模擬考結束後，宗義老師都會親自看我們的錯題本，然後分析我們當下的一些手感和心理狀態，然後再具體地告訴我們可以往哪個方向做修正，而我也因此在學習的路上有了前所未有的突破。

以往我認為自己是個很粗心的人，但卻不知道要如何改善，宗義告訴我們「手感」的重要，當手感有了震盪的時候，去練一回閱讀測驗，或是練習錯題本，找回寫題目的感覺，就是這樣一個簡單的小動作，解決了令我苦惱已久的問題。

「從來沒有不小心大獲全勝，都是不小心全軍覆沒。」走過了國九備考的這段路，我深深地了解到每一個成功的背後都有著許多微小的細節需要修正改進，才能夠在上戰場的時候發揮出自己的全力。

除了讀書方法的學習，宗義老師也時刻關心我們的心情狀況，然後以他的角度給我們建議。懈怠的時候，他會嚴厲地告誡我們；懷疑的時候，他會鼓勵我們，使我脫離自我苛責的循環。他一直都是我人生路上的一盞明燈，指引我跨越重重迷霧，走往正確的道路。如果沒有他，我想我不會有辦法走到我曾夢寐以求的地方，就算在那裡有著無數新的考驗等待著我，讓我幾乎無時無刻必須認清自己的不足，我依舊不後悔走上那座山頂，因為比起那些考驗，山頂上的美麗風景才是我一輩子不會忘記的東西。

「隨時警惕自己在最正確的點上。」宗義老師的這句話，如今也成了我的座右銘。對我而言，他不僅僅是一位教書解題的老師，他所帶給我們的一切，包括他的人生態度，以及面對問題的方式，甚至是他對教學的熱情，都深深地烙印在我的心中，影響了我的人生觀。

前陣子我和一個高中時很要好的朋友出去，她說她有一些苦惱的事情，就是她最近找了一份打工，內容是陪國中生讀書，她說她很喜歡那種陪伴他們念書然後看著他們有所成長的感覺，其實她從以前就想當個老師，只是因為各種因素而選擇了現在這個出路看起來較好的二類科系，她說她覺得未來有一天自己待在辦公室時，腦袋裡惦記著的可能還是那個在教室裡教小朋友的場景。聽完以後，我跟她講了有關宗義老師的故事，也給她看了宗義老師在複習講義上寫的序言，看完以後她感觸很深，她很難想像宗義老師放棄了多少才選擇踏上教育這條道路，但她說如果有天她做出了選擇，她不會忘記今天她所聽到的這個故事。

我想以這件最近發生的事作為結尾，理由很簡單，因為他是我最尊敬的一位老師，能夠被他教導的學生是幸運的。我希望這個社會可以有很多像他一樣的人，而我也正在為此努力著。

中正國中▼北一女中▼國防醫學大學　葉同學

2 班訓

卓越不是一種狀態
而是一種習慣

「隨時警惕自己在最正確的點上」是我課程中的班訓。

有人的地方就有舞台，隨時要警惕自己在最正確的點上，即使只有一兩個觀眾，甚至沒有觀眾，都必須居安思危；那是一種榮譽心的展現，一種強大的自我要求，這樣的自我要求會讓自己在關鍵時刻擁有穩定的情緒，而這樣的情緒會產生近乎無敵的絕對自信，更棒的是也會讓夥伴穩定。

「有他在一定沒問題的！」好的領導者會讓人有安全感，有安全感的夥伴才會發揮 120% 的實力。所以平常的訓練就要比較高壓，但不是壓抑，而是追求效率所產生的高壓，利用環境的力量讓夥伴跟上大部隊，勉強成習慣、習慣成自然。

「比賽反應訓練，訓練反應生活，生活反應態度。」

任何比賽的成敗都不會在當天決定，只想在比賽當天表現得比平常還要好，那樣的想法是不專業的，因為那種空虛的希望是留給沒有準備好的人，如果你是領袖，你更應該嚴格要求自己。

在我剛離開大學時，我也非常年輕、我也沒有經驗，但是參與任何比賽活動時，我都是給出自己的全部、真的是竭盡全力，經常有夥伴在活動結束時給我的回饋是：「老師真的用盡全力，好啦，也一起。」

用心參與活動能夠幫助你贏得尊重；學歷、頭銜、背景雖然能夠贏得一時的發言權，但短暫地熱忱是不值錢的，持續的熱忱才能感染其他夥伴，才會壯大團隊。

這邊我分享一個在出這本書時的插曲，由於自己在教育界沒什麼知名度，在跟出版社討論書籍出版的企劃時，他們希望我能提供一些學生對我的回饋，然後將這些見證收錄在書裡或做成文宣。討論後我希望這些回饋不是制式化的推薦解題很厲害、或是教學方法很權威，而是書寫那些我們曾經共同經歷的回憶，獲得社長的同意後，我開始去吵我的學生，請他們幫忙。

我原本想說多找一些人來寫，畢竟大家都很忙，只要其中兩三個人願意寫就好了。

令我又驚又喜的是，大部分受邀的同學一口就答應，並詢問截稿時間，在他們忙碌的行程裡，硬是擺了一個幫忙我的環節，那種希望寫得很好，真的幫上我一點忙的心意，真的讓我非常感動。我把所有回饋原汁原味收錄在書中各節末的「學生悄悄話」，分享給正在閱讀的你。雖然不會知道付出後的收穫是什麼，但肯定會比你想像的美好樣子再美好兩倍。

成長之後要修行，失敗之後更要修行，每時每刻、日日不停，但要心如猛虎，一樣可以細嗅薔薇。

追求目標的道路不擁擠，因為能堅持的人不多。身為老師，能幫助的夥伴、能成功喚醒的人相當有限，所以在苦苦掙扎中，假若有人投以並非「認同」，而是「理解」的目光時，仍會感覺到一股生命的暖意，或許只是短暫的一瞥，但總令人興奮不已。

實現理想的過程充滿不間斷的跌宕起伏，我深刻了解，也許今天表現得好，也許明天表現得差，但這都不重要，重要的是每天持續前進。即使一開始事情不是很成功也無所謂，只要事情有在變好，那個變好的過程，就是真正的好，因為大家都是一路這樣走來，包括我。

學生悄悄話

對我來說，宗義老師一直是個很讓人安心的存在。這麼說可能有點奇怪，但每當我遇到困難，不管是課業上還是心理上的，宗義老師總是會透過一些方法讓我能放下慌張的心，繼續向前走下去，在他的指導下，我的心也更加堅定，堅定的想要去追求更好的我。

我曾經因為生病，休學了一年，在那之後變得更不自信，但宗義老師告訴我：「我們一起變好！」除了上課之外，老師也安排和我一起讀書的時間，甚至考慮到我的身體狀況，每次都會調整上課的模式，這讓我知道自己並不是孤單一個人，我們是夥伴。

我並不是一個頂尖的學生，但在宗義老師的幫助下，我能一步一步慢慢往前走，是老師讓我知道我還可以去更遠的地方看更美的風景，我雖然還在路上，但我一直這麼相信著。

「有一天你也會綻放出屬於自己的花朵，所以不要慌，堅定的走下去吧，一切都是最好的安排。」

「我要引瞎子行不認識的道，領他們走不知道的路；在他們面前使黑暗變為光明，使彎曲變為平直。這些事我都要行，並不離棄他們。」《以賽亞書》第四十二章16。

內湖國中▼北一女中　謝同學

3 自信

你可以慶祝失敗，不要仰慕對手

教室裡，最棒的位置是哪一個？

團隊中，最棒的角色是哪一個？

答案就是「你」坐在上面的那個位置，以及「你」擔任的那個角色。我都跟夥伴說不一定要當會長或是領袖，但是每一個夥伴要有擔任領袖的擔當。對某些人來說，「團隊精神」這個名詞反倒給了無謂的壓力，會讓夥伴開始畏縮，讓原本已經很弱的實力，連一半也發揮不出來。

最好的團隊是每一個夥伴都想「由我來」，遇到事情不躲不閃，每一個人都認為事情就是他要處理，這樣的團隊就是最棒的。創造這樣的團隊非常不容易，而且非常花時間。最重要的是要先想清楚，你的團隊到底要完成什麼目標，並跟夥伴明確的講：「完成這個目標後，夥伴會有什麼收穫。」這個動作可以讓你的夥伴變成真正的夥伴，因為如果只是講工作，那你的夥伴都只是工讀生；如果是講想法跟教學，那你會有一群聽眾；但是明確講出理念的人，就會有一群追隨者。可以是生命的意義、純粹的利益、考試的分數……任何都可以，讓夥伴們參與進來，不斷討論，即便是吵架衝突，都是很好的方案。

要能夠做到這些事情，並讓自己有足夠的自信做到，就必須「隨時警惕自己在最正確的點上」，只有這樣，在面對夥伴衝突跟個人問題、團隊問題時，對自己才會有足夠的信任，「由我來解決，因為我的努力都在為這個時刻準備」，「考場上的題目如果我不會，那別人肯定也不會，因為我已經盡了全力。」

班訓不是崇高的道德指標，而是必須盡早明確講出的工作指引、工作小手冊內最基礎的指示，想辦法成為你自己心目中的英雄，你的世界只有你能拯救。

在自習班帶學生時，因為怕自己解題的聲音會打擾同學念書，所以我在解題時都會跑到教室外面，通常那個位置夏天沒有冷氣，解題會解到全身大汗；冬天寒風刺骨，只能透過窗戶的大玻璃看著學生念書的狀況。我想跟那些曾經埋首在書桌的夥伴說，90% 的爸媽曾經來過教室外看過你，盯著你看，看了好久好久的時間，我從來沒有在爸媽來的當下就去跟夥伴說：「你爸媽今天有來。」因為我想讓他們看到，我平常看到你的樣子，是非常優秀的。

什麼是「自信」？我認為是「自在」。

多一點是自傲，少一點是自卑，剛剛好的自信，就是自在。

對純真的人來說，追求勝利是沒有壓力的，因為都是變好的過程，「事情成功了，朋友認識你；事情失敗了，你認識朋友、也認識自己。」大家都知道失敗為成功之母，但是真正面對失敗時，很少有人有真正的智慧慶祝失敗，「在面對失敗之時，告訴自己已經又往前走了一大步，比起憤怒更應該勇敢。」慶祝失敗也是很有智慧的！

「我們不要再仰慕對手了。對方的一壘手是 Paul Goldschmidt、中外野有 Mike Trout，另外還有 Mookie Betts。只要你有打棒球，一定都聽過這些選手，但是光崇拜對手是沒辦法超越他們的，我們是為了超越他們來到這裡，為了在今天站上頂點。所以在今天就好，讓我們捨棄對他們的崇拜，專心想著勝利就好，一起上吧。」——2023 世界經典棒球賽冠軍日本隊投手暨打者大谷翔平

這是我心目中的英雄，年紀比我還小，卻已經在自己的夢想上走了好遠好遠，很中二，但也很純真。

學生悄悄話

「我覺得你有一點小小的遲疑」，印象中剛認識宗義沒多久時，他跟我這樣說過，我當時把這句話理解成自己還可以更加努力。不過時間久了，再回來咀嚼這句話的意思，才發現宗義想表達的其實是「你還沒釋放自己的野心」，什麼樣的野心？在當時可能是考上第一志願的衝勁，而現在，這份野心變成了對於人生目標的追尋。

對我而言，宗義一直在做的事情就是給我們拼下去的能量和方法，充飽電、給了方向後，放手讓我們依照自己的步調走下去。在當時的必勝班，充滿著「你也辦得到」的氣氛，宗義不定時會分享以前的小故事，在趣味之餘，故事內容更是給了我很大的鼓勵，進而使我心態更加穩定，要知道，大考在後期最重要的往往是你心態多穩，而不是你今天書念了多久。

從宗義身上得到的東西，大大影響了我之後的人生，我曾經也是個平凡的學生，但宗義給的這份野心，讓我不斷突破自己舊有的極限，攀上以前想都沒想過的地方。

「要飛這麼高嗎？」

「當你到了那邊，就會知道沒這麼高。」

師大附中國中部▼建國中學▼台灣大學　陳同學

4 計畫

能把夢想變成目標

目標一開始看起來總是遙遠的，特別是如果你的目標是很偉大的夢想，這並不是短時間內就能夠達成，而是需要很長時間的努力，所以這時候就需要應用「骨牌效應」，運用很多個小目標來推倒大目標。

日本著名馬拉松運動員山田本一有次在回應記者提問時，他就提到自己跑馬拉松時會把整個路程分成好幾個部分，階段性目標可能是一間銀行、一顆樹、一座體育館、一家便利超商等，利用這些很明確的目標把整個路程做切割，當到達階段性目標的定點之後，就可以再繼續往前跑下一段，所以整個路程跑起來就不會是很長很長的一段路。他將馬拉松路程切割成許多小路途，可能有人會覺得這樣做總長度並沒有改變，但是當你認真做這樣一次計畫後，你就會明白這是需要智慧的。

「憑智慧戰勝對手，取得勝利。」——山田本一在執行計畫時，其二重要的就是「自省分數」，也可以說是「情緒分數」。我們在考卷上獲得的叫做「表現分數」，然而我會要求夥伴在課程進行到一定階段時，去思考「自省分數」，特別是活動一開始、中期以及活動結束時，這是我的一個祕密武器。

通常夥伴的表現跟他自己本身的情緒、想法有非常大的關聯，當他情緒低下，沉浸在「今天就是不想來上課」或「就是不想來參加活動」這樣的情緒時，你再去跟他講這個活動對他的好處，反而會使他非常厭煩。即使這個活動立意良好，但在夥伴情緒低落的情況下，效果是很差的。

有一次我的一位夥伴出現在工作場合時，他明顯情緒很低落，後來我才知道他昨天跟女朋友分手了，但當時身為夥伴的我不知情，其他夥伴也不清楚他的狀況，而他帶著失落情緒所表現出來的，就是對所有夥伴不尊重、不專業。我走過去跟他搭話，先肯定他如期出現在這個活動，並詢問他：「針對早晨的沉悶，和參加這個活動的期待感，一到十分給自己打幾分？」他直接在夥伴面前說「三分」，而且口氣非常差，我接著問：「為什麼是三分呢？你這三分的分數是由哪幾個部分構建而成？」他當下開始思考，而我們從旁協助，讓他肯定自己目前已經有做到哪些事情，讓他更融入整個工作情境、不被其他事務所干擾。後來這位夥伴不僅做到我們需要他做的一切，他的隊伍還拿到第四名的佳績。

「控制情緒」是一個很高深的技術，它並不只是輕描淡寫地說是「軟實力」就能帶過，「控制情緒」是非常專業的一門學問，假若你的夥伴情緒都非常低落，即便他們有強大的能力，事情仍會做得不好。所以情緒管理也是包含在能力裡面，是必須去教導、必須去學習的課題，並不只有工具跟科學技巧才需要學習，**很多時候人的問題比問題本身來得更多。**

「所有的事情都是這樣，今天很痛苦、明天更痛苦，但是後天很美好。可大部分的人都停在明天晚上，看不到後天的太陽」——馬雲

沒有人想要永遠幫別人打工，所有夥伴都是想要擁有自己的一門生意、事業，實踐自己的夢想，可是創業的痛苦不是一般人所能想像，有太多太多人已經陣亡（陣亡就是字面上的意思，它代表著負債、家庭破碎、落魄……），你現在看到的老闆，大部分都是倖存者偏差所產生出來的邏輯謬誤。

如果你覺得自己是天選之人，做任何事情一定都會成功，我只能說祝福，並以過來人的身分向你坦白，我從有創業的念頭，到實際開始執行之後遇到的事情、難度，是

截然不同，所以建議你一定要訂定一個很明確的計畫。

這時候大部分的人就會問：「那你趕快給我計畫」、「你趕快告訴我要做什麼」、「你趕快告訴我應該怎麼做」，其實這也是很推卸責任的思考模式，因為只有自己知道自己的生意應該要做什麼改善，就像一個數學觀念，到底是「聽懂」還是「會用」，只有自己知道，不論是學習情形、工作狀態、家庭狀況，只有自己最清楚本身的狀況是什麼。所以你必須主動面對，當然可以詢問別人的經驗，但決策跟計畫都必須自己來。

創業就像從一樓走到二樓，然而過程中看不到任何一階樓梯，但階梯確實存在並可踩踏，只是走錯一步就有墜落的可能，有些人越走越高，從三樓走到四樓、五樓走到十樓，但只要走錯一步就會墜落摔死。因此在創業的過程中，你會看到有人跟你一樣在爬樓梯，而有人一直往下墜，如果真的走上樓，你就是倖存者。

任何問題都需要一個很明確的計畫，列出問題，條列式的解決。只要敢鼓起勇氣面對手上的問題，我覺得你就非常厲害了。「有計畫的準備」跟「沒計畫的準備」結果差非常多。如果是完成「偉大計畫的一部分」，跟只是「單純完成一天的工作量」，在心靈上的踏實感會完全不同，所以如果你只是埋頭地往前，當你猛一抬頭，有可能驚覺自己竟然在後退。

「我從不覺得自己是天才，只要回顧自己做了多少的練習和準備，就不會這樣想了。達成夢想和目標的方法只有一個，就是累積微不足道的小事。」——鈴木一郎

學生悄悄話

「隨時提醒自己保持在最正確的點上」

宗義每天都會在黑板上寫下一段話，內容大抵是一些名言佳句。然而，上面這句話並沒有進入每日更迭的名單中，這是因為它一直都在黑板的最上方，從未消失，這也讓它刻在我的腦海裡，受用至今。

印象中，宗義給我的感覺是一位很有能力，同時也具有責任感的老師。我曾多次被他找去一對一談話，但談論的內容很少是與課業直接相關，反而是在討論生活中的大小事，這也拉近了我們之間的距離，我想這就是亦師亦友應該會有的樣子吧。回想起那年七月剛進入必勝班，我的目標僅是北區的前三志願，但宗義跟我說：「你要在屬於你的天空中飛翔」，這讓我有了一點想法，

而我是不是真的有能力做到？

宗義就是這樣一位能在對的時間把我帶向對的道路的老師。在必勝班將近一年的日子裡，除了為考上第一志願而努力，我也在不知不覺中追隨宗義的腳步，渴望有朝一日能成為像他一樣強大的人。直至今日，我還是不知道我有沒有達成在屬於我的天空中飛翔的目標，但我很確定，雖然偶爾會繞點彎路，但我一直都提醒自己保持在最正確的點上。

金華國中▼建國中學▼台灣大學　張同學

5 優越感

A到A^+

馬刺隊的波波維奇教練（Gregg Popovic）一直是我非常尊敬的一位籃球教練，他跟約翰．伍登（John Robert Wooden）教練一樣，不只是一位籃球教練，更是一個受眾人敬重的人。我曾經在馬刺奪得冠軍的紀錄片裡看到他們的文化：馬刺隊不只研究自己戰敗的場次，他們也會討論戰勝的場次，做討論的時候他們會去研究怎麼讓一個已經成功的戰術變得更好，讓這個戰術更精進、變得更順暢。一般來說，如果在比賽中敗下陣來，那場比賽肯定會有非常多事情要檢討改善，可是如果能夠在贏的比賽中，一樣去找到獲勝的關鍵，或再進步的空間，那麼你和你的團隊就會非常不一樣。

讓你的團隊以「身為這個團隊一員為榮」。

優越感不只是自信，有時候可以是由領導者發出的使命感。沒有經驗的遊樂園工作領導，可能會大聲地跟他的員工說：「不要把頭套拿下來，因為沒有人希望看到布偶裝裡面是一個中年大叔。」可是迪士尼的領導並不是這樣，他跟夥伴說：「我希望你們今天來到這邊並不是穿著布偶裝的計時工，而是散播快樂的人。」**使命感的傳遞會造成很強大的能量，帶著使命感做的事情不是工作，而是奇蹟。**這樣的領導做的不是「領導」，而是「引導」，這是偉大領袖要做的事情，那是不容易的，但是你可以透過學習跟討論，讓自己一步一步變強。

你能夠把這本書裡的話拿走，擺入你生活中的遊戲，去引導你的夥伴，不用說是看某本書學來的，而是直接說出某句話，讓自己成為能夠講出這些話的人是非常重要的。像我就會跟國三、高三的同學說：「你不只是在讀書，你是在幫助自己往更好的下一階段前進。」，「一張考卷最重要的不是分數而是名字，因為你之後會在支票、合約簽上你的名字，代表著你要負的責任。」這些都是我的老師曾經說過的話（前者是學校老師，後者是企業培訓課程）。

我不把學生當成孩子，因為他們都是獨立的生命，是「人」，就我的經驗，把學生當成大人、他們就會看起來像個大人，不要直接判斷他們聽不懂，這是不好的。夥伴懂他們能懂的，而如何教導就是我們身為領導、老師、大人的責任。

夥伴若能明白，這能夠讓他們清楚自己在做什麼，假設沒有明白也能讓有明白的夥伴去影響環境，讓環境去影響其他夥伴，讓團隊跟自己越來越好。夥伴是需要不斷地提醒跟教導，千萬不要認為這沒有意義。曾有一位癌症末期的父親，在加護病房昏迷，他的孩子持續兩天在病榻旁鼓勵他，最後這位父親成功甦醒過來，這樣的事蹟層出不窮，所以**「如果你想在你生命中看到奇蹟，你就要成為那個奇蹟。」**

學長姊的分享跟傳承也是非常重要的，那是成功經驗的見證，讓夥伴「相信自己可以做到」，這樣的信念必須一開始就建立。有些夥伴上台前會問我他要講什麼內容，或是擔心自己講不了五分鐘，我都會說：「你就想著要跟曾經的自己講什麼就可以了，真感情就是好文章。」原本不知道講什麼的夥伴，一開口就講了十五分鐘。因為沒有彩排，所以有的夥伴上台會很卡、講不出話來，這個時候領導更是重要，要馬上上台跟大家說：「如果這位夥伴可以做到，那你一定也可以。」**實在的道理沒人要聽，但動人的故事總是能打動人心。**

讓自己成為自律跟值得信任的人，實實在在的言出必行，點點滴滴的細節，是找到優越感最快的捷徑。

良師義有

「如果熱情能在舞台上被看到，它就值得閃耀。」

學生悄悄話

宗義當時的鼓勵和幫助，是讓我成功考上北一女的最重要因素。

備戰會考的前半年，雖知自己底子不錯，各大小考成績也都是班上的前段班，但一直沒有一個明確的目標和強大的野心，總是走一步算一步。直到三模成績出來，我失常了，陷入非常嚴重的自我懷疑，認為自己根本考不上北一，甚至前三志願都有困難。

我還記得那個禮拜日，宗義把我找過去談了一個小時。當時對談的語句早已模糊，但我仍刻骨銘心地記得每個鼓勵、安慰和發人深省的小故事，皆為當頭棒喝、醍醐灌頂，也記得之後回家的路上，一路哭哭啼啼，但卻意志堅定地跟我爸爸說：「我要考上北一女。」自此之後，我加倍努力，時刻謹記我的目標，最後如願穿上綠制服。

豐富的知識，每個老師皆能授予，但學生的心靈層面，往往不是每個老師都能顧及，而宗義卻是兩方面都能照顧到，不可多得的良師益友。我非常幸運能在人生路上遇到我的恩師！

中正國中▼北一女中▼台灣大學　涂同學

資源 6

能夠努力本身就是一種幸運

故事的主角是我的一個學生，他在寫考卷的時候，情緒比較容易亢奮、緊張，會瘋狂流手汗、心悸，好像患了什麼綜合症，導致考試的時候過於緊張，沒有辦法平心靜氣面對考試，表現出他平常所受的訓練，所以考試成績都非常差，即便他平常表現是非常好，但在賽場上就表現得不好，所以後來考上了一所分數比較低的公立高職汽修科（我這邊不把學校名字講出來貼標籤，因為我認為每一間學校都會有非常優秀的學生，也會有非常不認真的學生，如果我的學生考試成績不理想，進到某個學校，我都會跟他說「這間學校會因為你開始有點不一樣」、「讓這間學校以你為榮」）。

對了，他念汽修科的原因不是因為剛好分數到，是因為他爸爸就是做黑手，他聽到汽車的引擎聲時，他的情緒會比較安定，我認為那就是上帝的聲音，祂需要這個學生去讓車子這項產品更好，這是祂指引的方向（我不信教，我覺得人不用有信仰，但一定要有信念。我念理工科，但我不討厭神佛，因為我清楚地知道比起科學，還有更重要的東西）。

這位學生在讀那間公立高職的時候，一直跟我保持非常頻繁的聯繫，有很多學習上的問題或是社團狀況都會問我意見，他多次提到有一部分學校老師教書並不是非常的認真，班裡面很多同學下課就是抽煙或是沒有心思在書本上。而那些沒有讀書的同學，會找其他方式來表現自己，因為人都想證明是自己是對的，所以他們可能會瘋狂打電動，或者是去做其他展現自我的方式，但是這樣的環境使得我這一位真的想要認真學習的學生非常痛苦。

在那段期間，我的這位學生屢次想要放棄，因為他學得很痛苦，但在體制下還是必須得面對考試，他去問輔導室，輔導老師也不清楚能怎麼幫他，最後只能以申請特殊考試的方式，拚上心目中的第一志願——台灣科技大學。

上了台科大後，事情開始變得不同，這邊的老師相對來說比較認真，他們會在下課後繼續跟學生做專題討論；而同學做報告也比以前的同學更認真、投入，非常專注的探討專題跟上課的知識點，這些都是他國高中以來一直夢寐以求的學習環境。最後這個學生畢業要離開台科大時，他的教授給了他很棒的分數，他甚至覺得教授有把分數特別打高一些，他並沒有這麼好。他認為教授預期這些學生有可能會再去念研究所，所以在分數上再推大家一把，而最後我的學生他考上了麻省理工的汽修科（真實系所名稱不是叫汽修科，但是這樣更好理解）。

到了麻省理工後，我的學生非常興奮，傳了很多照片給我，說他們上課的時候會把一台名貴的車子拆解，所有人跟教授一起討論，這台車應該做什麼改善，這對我這位學生來說簡直像是置身在天堂，他跟我說過好幾次他忘記吃飯，只為了趕回去看他的引擎，每天的學習就像是在遊樂場玩耍，越洋傳過來的文字中，我都能感受到他的喜悅。

我特別想提這個例子，就是想傳達資源性的不同，而這些都是需要靠自己爭取來的，雖然短短幾百字，但卻是這個學生歷經四、五年的努力。雖然這個社會有時候看起來很紛亂，但還沒有大暴動的一個很重要的原因，就是它仍然存在公平，認真一點、努力一些，真的還是會過得比較好。

總會有人說：「他爸媽就是很有錢」、「他爸爸是公司的總裁」、「她媽媽是權貴人士」，這世上不缺抱怨的人，「想要開始改變，就要停止抱怨。」每個家庭有每個家庭的困難，你不知道他們面對什麼難題，只是看到表面就羨慕，這是幼稚的。而在新創時代也存在很多機會，就是不缺有錢的投資客，缺的是一個好的想法跟項目。

開始認真之後並不會失去歡笑的權利，而是你開始認真做你角色上該做的事情時，你會笑得更心安理得、更理直氣壯。**環境多半不景氣，所以才更需要爭氣。**

這是每年暑假結束時，我都寫在黑板上送給考生的祝福語：

〈準備〉

你低頭默背單字時，阿拉斯加的鱈魚正蓄力準備躍出水面。
你拿尺畫出三角形的直線時，太平洋彼岸的海鷗，正掠過城市上空。
凌晨打開檯燈時，極圈的夜色，同時散漫了五彩斑斕。
所以你慌張地認為，你錯過了那些所謂的精彩與不精彩。
但別著急，在你為你的未來踏踏實實的努力時，
那些你認為美到不存在的景色，正一步步向你走來，
而你在準備的，正是能欣賞那美景的高度和眼界。
願你少一些何必當初，多一些暗自慶幸。
願你以後的淚水，都是喜極而泣。
你有沒有發現你低頭努力的樣子，像極了正在蓄力的鱈魚。

你有沒有發現你畫出的直線，好似海鷗在天空留下的雲帶。

你有沒有發現夜晚的檯燈，在你眼裡同樣也散漫了五彩斑斕。

如果你看到了，把它再看清楚點，精彩從來都沒有錯過，只是沒有發現。把它烙印在你的腦海，然後書寫屬於你的精彩。

如果你沒有看到，用我的眼睛去看。

學生悄悄話

初次見到宗義時，他是補習班導師，當時的我正值高中最煎熬的時期。高一不願讀書，想著上了高中總要好好玩一次，沒想到升上高二意識到該讀書時，再怎麼努力都力不從心。宗義就是在這個時候出現的，他帶了很多學生，卻總是騰出時間給我，一對一帶我從高一的內容慢慢補起。有一次我去到他帶的會考班，第一次看到那麼讓人震撼的板書，密密麻麻寫滿鼓勵學生的文字，與精心繪製的圖畫。

那時候讀書常常讀到崩潰，加上對未來的不確定，還有生活中的種種壓力，有時候真的覺得人生好難過。

宗義會在我上課上到快昏過去的時候，拿出他的小本本講故事，夾雜著他的人生經歷、電影、動漫……編成的故事，那時候聽的似懂非懂，但聽完故事後總能充滿力氣，繼續奮鬥。

「世界很大，我知道，但我們也可以很強大。」謝謝你，是你把我變成如今這樣強大的人。

在我們心裡彼此都已不是簡單的師生或朋友，而是家人。他始終都像大哥哥一樣陪著我前進，給我鼓勵，給我幫助，一起奮鬥過的每一個夜晚，最終都沒有白費。他對每個學生都用了百分百的心，他是那樣溫柔、值得依靠的人，過去讀書讀到無力的時候，他的鼓勵和笑話都是支撐著我走下去的養分。相信所有遇到他的學生都會像我一樣，慶幸著他的出現。

太多曾經相處的點滴，太多未曾說出口的感謝，現在想來，未免有些矯情，但我想說的是：感謝在我最需要的時候遇見你，我已不是當初在書桌前手足無措需要你幫助的學生，我也在努力成長，長成能獨當一面的人，希望在未來的某一天我也能成為支持你的人，就像我需要你的時候你都在，你需要我的時候我也會出現，這就是家人。

金華國中▼師大附中▼台灣大學　黃同學

7 不瘋魔·不成活

努力的天才

這是真實故事，我以第一人稱撰寫。

故事發生在我國小三年級，那時候台灣經濟剛起飛，有錢就想做教育、有錢就想搞文化。在我媽媽的鼓勵下，我去補習、參加很頂尖的數學考試。曾有學生問我：「為什麼老師這麼喜歡數學？」我直接回他：「你會不會喜歡吃屎！」（這是不對的，請不要學，是為了讓學生有很強烈的感受）我的意思是，對於那個年紀的孩子，相比於玩遊戲，應該是沒有人喜歡參加那種怪東西，在九歲的時候就是應該要去玩沙子、應該要去玩紅綠燈，應該要讓自己非常的開心。

我覺得我的媽媽很偉大。她那個時候非常支持我，只要我有任何一點的進步、或是我答對一兩題看起來領先同年紀的問題，她每一次都是認真地看著我，鼓勵、稱讚並真正認同我，告訴我表現得非常好，這些舉動對我影響很大，所以我每天都很早就到數學訓練營，特別的是，如果提早去的話，還有綠豆湯可以喝。

一開始我的考卷是有注音的，老師們也非常願意花時間幫助我。記得我在北區第一區的考場，三年級的時候第一次去考試，很多題目我都有看過類似的，可是我那個時候程度很差，答錯非常多的題目，但是我很清楚會發生什麼、以及應該要做什麼準備。第一次考試時，現場一千八百多人報考，我考了倒數第五名，可是我完全不在意，我覺得再給我一年的時間準備，我一定可以表現得很好。

四年級的時候，我每天都瘋狂的寫數學，連除夕夜幫媽媽洗完碗之後，我也立即跑去寫數學，你就知道那個時候我演戲是演全套的。而一旦你有這樣的表現，家人、親戚就會對你有一些期待，他們會覺得你也許真的會表現得很不錯。

第二次上考場的前一晚，我非常的緊張，整夜根本沒有入睡，我已經記不清楚那天晚上的心情，到底是興奮還是恐懼，但是我很肯定自己翻來覆去無法入眠。到考場的時候，我嘗試把會寫的東西都寫上去，我覺得自己好像表現得很不錯，雖然確實有一些困難的題目，但是整體寫得蠻流暢的。現場一千八百多人，我覺得只要考在一千名以內，我對自己算是有一個很明確的交代，於是我站在禮堂中的成績大白板下方，從前面開始往後面找自己的名字跟號碼。

數超過一千，我覺得自己考差了，情緒有些失落跟落寞。

數超過一千三，我有點生氣跟厭煩，不知道什麼時候才會出現我的名字，呼吸開始變得急促。

數超過一千五，我紅了眼框，眼淚不禁流了下來，我趕緊擦掉，堅持著繼續數。

數超過一千七，我哭到泣不成聲，並且雙腿癱軟，跪坐在地上。

但我仍堅持著繼續數……

最後，我在倒數第六個位置看到了我自己的名字跟號碼。

我記得我拿著手上緊握的水瓶，瘋狂敲打著自己的腦袋，我甚至沒有辦法說服我自己不是一個白痴，想起來都覺得好難堪。

「你是努力的天才，努力也是一種天賦，我沒看過比你更認真的小孩。」這是我爸爸那個時候跟我說的，後來我才知道這不過是他昨天晚上看漫畫所看到的台詞。**為了他這句不經意說出口的屁話，我就再努力了一年的時間。**

看到這裡，雖然才幾頁的篇幅，卻足足花了我三年的時間。

第三年我沒有去補習班，而是自己一個人在家裡認真做題目，老師們說我可以拿走所有的紙本資料，他們願意無償提供，因為他們覺得我非常認真，也納悶我的臨場表現。

第三年，我成為那個競賽的代表隊成員。

你一定會以為這是個勵志故事，但對我來說卻是個鬼故事。

第三年的時候，我已數不清自己哭泣的次數，有好幾次寫題目寫到心悸，好幾次在半夜夢到自己好像又考差，被自己嚇醒。最最最可怕的就是每一次逢年過節跟親戚長輩吃飯的時候，他們露出關愛的眼神，詢問到：「你最近在做什麼？」而當我回答：「寫數學。」他們就會接著說：「寫數學！那很好啊……（後面都是官腔）」然後你可以從他們的眼神看到他真實的意思，那意思就是：「你沒戲，但是不要緊，我知道你會失敗，你失敗的時候我會安慰你。」

小時候很多大人以為我們不明事理，其實我們都很清楚，只是我們那時候不知道怎麼表達情緒跟想法，最後留在回憶的都是失落。

我記得上台領獎時，我特別看了一下站在我旁邊的同學，他們全都跟我一樣，兩個眼睛、一個嘴巴，但我以前在台下看領獎人時，都覺得他們好像神明，怎麼會有人這麼強，「但是追上他們之後，我發現自己跟他們其實沒什麼不同。」

我不想給人一些毒雞湯，如果你不喜歡手上的事情，想要換一個工作，我想告訴你的是，沒什麼比做自己不喜歡的事情更痛苦。如果你不能換，就要找到享受手上東西的方式。我能堅持下來，除了不想被小看，有很大一部分的原因，是我在寫這些數學題目時，有解題的成就感，而且明確感覺自己變強，雖然我一直沒有獲得成績上的認可，但是我其實是很享受這個過程。

「如果你正在為你自己喜歡的事情努力而感到有點疲憊，我把這個故事分享給你，也許你再努力一會兒就會有一點成就。努力從來不是為了證明自己，是為了自己。」

學生悄悄話

「良師益友」是最適合宗義老師的形容詞，從國中時的必勝班（補習班的衝刺課程）認識到現在我已經上大學；從嚴師到好友，每一個階段，宗義都以不同的角色伴隨左右。

我喜歡宗義的教學方式，他不會用話術迎合學生或家長，反而是單刀直入的切入痛點。我常常被宗義念，雖然當下會覺得難受、辛苦，正所謂良藥苦口，那才是對自己好的。

另外，「不要給自己找藉口」是我從宗義身上學到最寶貴的態度。考試考爛了，就承認自己不夠努力，下次拚回來就好；題目做錯，就代表觀念不夠精熟，回家再把講義拿出來讀熟，最忌諱找一大堆理由來欺騙自己。

跟著宗義的步調，讀書變得簡單。每次高強度、有紀律的自習，都是建立成功的習慣，不只是為了升學考試，更是在生活的課題中受用無窮。謝謝宗義，教給我他令人敬畏的信念與態度。

或許每個人對「好老師」的定義都不同，在我心中宗義就是最棒的老師。

金華國中▼建國中學▼台灣大學　劉同學

許願 8

最溫暖的關心是設身處地

有一次，我和我的乾女兒去逛街，她看到一條Tiffany項鍊很喜歡，但是因為她只有七歲，直接買一條Tiffany項鍊給她，只是單純的因為「她喜歡」，這樣的理由對長輩來說就是浪費，而且也是不被允許的。所以我跟她約定好，等到她生日的時候，我們再來把這個項鍊帶回家。

乾女兒生日這天，我跟她兩個人起了個大早，非常興奮地往那家飾品專賣店出發，途中我們經過了一家寵物店，看到一隻很可愛的白色曼赤肯短腿貓，乾女兒隔著櫥窗盯著看了好久，店員於是走出來，熱情的招呼我們進店裡去看那隻貓咪，店員把貓咪抱出來給乾女兒抱，她還幫那隻貓咪取了「牙刷」的名字（其實我覺得應該叫牙膏，因為白白的一坨）。此時我的理智是清楚的，因此當我明確表達我們不會帶走這隻貓咪時，她非常生氣。

她用我從未聽她說過最難聽的話語罵我，並且詛咒我去死。說情緒沒有被影響是騙人的，但是我那個時候半開玩笑地問她說：「蛤，你想我去死掉窩？」她馬上漲紅臉，一臉後悔地說：「沒有沒有。」

帶著項鍊回家後，接下來的那一整天，我持續用這個「梗」吵她，「公主可不可以幫我裝水？」她說：「不要。」我就說：「好，那我要去死啦！」她就會說：「好啦好啦，我去裝。」就這樣子鬧了她一整天。私底下我則是跟其他家人討論，看可不可以再收編一隻貓咪，因為公主真的很喜歡，而且我們也有空間跟能力。

經過一家人討論同意後，我們決定再收編一隻貓咪，所以我就跟乾女兒說：「等一下妳許的第一個願望，如果我能夠實現，我就會去實現（已經夠明顯了）。」她說：「真的嗎？」同時瞪大了雙眼。我說：「真的。」所以當她準備許第一個願望時，所有人都很期待，但我已經知道了，所以我心情很平穩。

她閉著眼睛，兩手放在胸前說：「希望爹爹（就是我）可以活到兩百歲。」這次換我瞪大了雙眼，心裡一甜、鼻子一酸。

隔天，我去做了健康檢查。

重點從來不是「他說什麼」，而是「他為什麼要跟你說」；不管是團隊還是家人，溝通的時候難免會吵架，這是因為有共同的希望，也或許是太熟悉了，所以我們都把情緒跟資訊融合在一起，傳遞給別人。有一個殘酷的成長真相：「成長之後好聽的話都講給外人聽，不好聽的話都講給家人聽」有時候是因為怕對方擔心、有時候是怕對方期望太高，也因為互相了解，所以家人、夥伴彼此一踩就是痛腳。所以對於那些很願意付出跟關心我們的家人，我們更應該要花時間跟心情去照顧他們，因為那些人是生命中最重要的夥伴跟避風港。

最溫暖的關心是「設身處地」，有時讓人抗拒的不是關心本身，而是關心的方式。

有一位年輕老師跟我分享，說他很想幫助一個孩子，想要「愛」他，但是那位孩子不願意接受，這位老師非常沮喪，甚至講到流淚。跟其他老師們討論時，另一位較年長的老師提到：「也許他沒有被愛的能力。」這位年輕老師後來回去學校，仍然持續關心這個孩子，但是改成用寫信的方式，經過長時間努力後，這位受他幫助的同學畢業時回了他一封信，信的大意是這樣：「他沒有遇過這樣用心的老師，他不能接受、也有點懷疑，但現在非常感謝這位老師。」這位老師說他邊讀信邊流淚，而這次的流淚值得記一輩子。

「多一些溫暖的關心、少一些言語的批評，你看起來會更成熟、更成功一點。」——馬雲

學生悄悄話

「把頭抬起來，再抬高一些！」宗義每次解完題都會跟我說這句話。對於正處在不自信階段的我來說，也只是把頭稍微抬起，當時並沒有了解宗義所說的意涵，現在想想，這不只是姿勢的改變，更是對未來的態度。

因為成績的挫敗感，我那時候總是低著頭、看著地板，希望能把當下的每一步都踩得穩穩的，但宗義卻希望我往前看，看到未來而非只是眼前，不要因為成績而讓自己變得不自信，這只是下一階段的入口關卡，不是控制一輩子的鑰匙。

有時候，人走著就會卡在盲點出不來，對我來說，宗義就是國中時期的引路人，不只是引路，期間還提醒我要保持信心和認真的做事態度。那時候我

就懵懂的跟著宗義走，路途中雖仍會在意成績這等小事，但因為宗義隨時在旁提點，讓我漸漸走回正軌。直到上了大學，才了解很多事情到了未來根本不值得一提，過度拘泥只會讓自己止步不前、身陷泥淖。剛剛好的自信才能在更多的考驗中生存下來，不卑不亢，了解自己的長處並在那個領域展現最自在的自我。

「我覺得你眼神比以前更有光芒」這是大學之後與宗義第一次聊天時，他跟我說的一句話。我很驚訝他的發現，但更感謝他在我人生失落時的幫助，讓我抬起頭笑著。

弘道國中▼中正高中▼輔仁大學　潘同學

9 王者的風範

輸家抱怨規則，贏家從不找藉口

良師義有

「獅子搏兔，定會全力一搏，那樣的氣度不是為了往高處攀爬，那是氣度，是王者的風範。」

欲戴其冠，必承其重，我一直跟學生說：「不會讀書沒關係，找個地方做第一。」不是只鼓勵讀書，而是鼓勵學習，找尋也是一種學習。成長遭遇到的第一個挫折，就是你以為自己是故事主角但你不是的落寞。很多學生都曾這樣表示：「我不是不會念書，我是不想念書。」真正等到考試壓力到來才開始念書，意識到自己落後跟需要付出努力時，一大半人反而選擇退回原點放棄。若你是意志堅定、沒有退回原點的另一半，這時候真正痛苦的日子才開始，聰明並不是不用學，聰明只是學得快，會跌倒的地方就是會跌倒。

倘若真的夠幸運，克服所有出現在眼前的困難，站上了很頂尖的位置，就會明白：「只要在比賽場上，就一定要拚盡全力，這是站在頂點的人對挑戰、挑戰者應有的禮貌。」拿出自己練習時的一切、全力以赴，那才是享受比賽的精髓，**「只要一次的失誤都會導致後面的敗果，那也沒關係，因為只要一次都不要失誤，就可以了。」**

「拿出擅長的東西一決勝負。」這些珍貴的經驗，不管是在熱血青春還是整個生命，都會是最棒的回憶。

但是，「努力會凌駕於才能」，這句話聽在跟我一樣的平凡人耳中，的確是甜美的話，而且有一部分是事實，然而不論是什麼樣的競賽，一定都會碰上名為「天賦」的障礙，那樣的障礙，是會讓你在挑戰時恐懼的。我有太多次在比賽後，懊惱賽場上的表現，不是懊惱表現本身，而是懊惱沒有主動迎擊，懊惱自己在賽場上害怕失敗，那些綁手綁腳的舉措。

「輸給對手並不丟臉，害怕和對手較量才是最丟臉的。」

「輸家在抱怨規則的時候，贏家從來都不找藉口。」

勝利不只是戰勝對手，勝利是要擊潰對手、趕走對手，賽場上的純真不是天真，只要全力以赴，你在對手的故事裡就會是壞人，這是所有競賽的共同點。所以更應該拿出平常練習的實力，給予對手、還有自己最大的尊重。我看過很多夥伴在考場、賽場上的時候，會突然使用從沒練習過的技巧，這樣做對自己是很不尊重的，因為我們平常的練習是非常專業。「輸」真的沒關係，但是要明白自己到底輸在哪裡，是輸在技巧、自信還是自己。想清楚要克服的東西，並且真的去克服他，下一次贏的人就會是你。

「用平庸講你並不妥當，不是因為它有貶意，是因為它不夠精準。」勇敢說出你的目標，並為它定出計畫、開始實踐，總有人會敗下陣來，但回過頭看這趟旅途，至少對得起自己，清楚自己已經盡了全力。

「我想要贏，不是真的一定要贏，只是很想要贏。」很多人害怕說出自己的目標，自己拚命想實現的那個願望，即便一直為目標努力，但仍說不出口，好像一說出來就完蛋了，因為目標馬上會變成一個懷抱痛苦的美夢，會被嘲笑、冷嘲熱諷……

大概每半年都會有一次情緒低落，我也會這樣想：「我果然好平凡。」但就因為平凡，所以沒有閒工夫垂頭喪氣。

「會被嘲笑的夢想，才有實踐的價值。」

「現在不同了，經過不懈的努力後，可以大聲說出來了，這就是我的目標。」

良師義有

「不要崇拜偶像，做自己的偶像。」

學生悄悄話

遇到宗義老師後，我看待數學變得比較不一樣了，原本寫題目時會比較混亂，完全沒有方法，看到題目腦袋就會空轉，有想到就會寫，沒想到就不會寫，考試成績幾乎憑運氣。

宗義老師幫我找出了問題點，耐心引導我在看到數學題目時要建立反應及思考的流程，去想題目裡重要的關鍵點是什麼？讓我在整個解題過程，比較有方法，思緒更清晰，而不是單靠靈光一現。此外，宗義老師也鼓勵我多去問問題，和同學討論、教同學，後來我的數學成績越來越穩定。其實老師更注重我們平時心態方面的建立，時常鼓勵我們要不斷前進，老師偶爾也會帶一些狗、熊的玩偶來轉換我們緊張的心情，那種精神上的鼓勵與支持，減輕我面對會考的壓力，真的很有幫助。

宗義老師對每一個學生都很用心，從沒見過這樣認真的老師，「隨時警惕自己在最正確的點上」是他最常提醒我們的一句話，天道酬勤，相信自己，努力就對了！謝謝宗義老師一路上耐心的指導與陪伴，讓我順利考上北一女中，未來我將帶著這份精神，繼續往下一個目標前進！

龍門國中▼北一女中　王同學

10 直覺

預見未來的方法就是
去創造它

「歷史終會善待我，因為我打算自己寫。」——英國首相溫士頓．邱吉爾

「投資」，簡單講就是利用資訊的落差創造財富，在資訊戰的現代更是重要，但是大部分的金融專家都會告訴他們的客戶：「要成為富翁，耐心是最重要的。」巴菲特不只投資眼光精準，更利用複利技術讓他的資產不斷倍增，但鮮少人知道巴菲特 80% 的資產，是在最後20年賺到的，因為這項技術最重要的是時間的積累。

很多人喜歡存錢，但是在下定存錢的決心時，是不是明確的了解存錢之後「要對抗的通膨」、「銀行每年複利的利息」、「和其他投資方式的比較」，這就是為什麼要很認真念書跟學習的原因，當然如果我們都不明白，也可以請教專家，但是如果你完全不了解，連問題要怎麼問都不知道，接受到這些資訊時，

你就只能「聽」，完全沒有判斷能力。

市場上盛行一種「套利」的投資方式，是透過跟利率較低的銀行借錢，拿到利率高的銀行儲蓄。曾有一位趙先生，跟銀行借了六億元，借款利息2%，然後他把這筆錢存到利息5%的銀行，利用被動式收入，一年就賺了一千八百萬元。要能夠賺到這筆錢，除了要有足夠的「信用」，還要有承擔破局風險的「能力」，理解這項遊戲規則的「知識」，以及最重要的「時間」。

「我是一個講師，但是我很內向」、「我討厭被別人批評」、「我沒有什麼一技之長」，類似這樣的問題你必須想清楚，到底是沒有「信心」還是沒有「能力」，信心是可以培養的，但如果你先入為主，認為自己是沒有能力，不好意思右手邊有紀念品可以領取。我也跟學生說：「如果你讀一天書就想跟那些讀兩、三年的夥伴達到一樣的狀態，那你可以把書放下來，你只適合去便利店打工。」便利店這幾年成長得越來越快，商品與服務越來越多，工作量與工作內容日益繁雜，搞不好還無法勝任。

說真話容易得罪人，而我寫這本書是希望能幫助真心經營團隊、追求頂尖的夥伴少走點歪路。工作做一年半個月是很難有什麼競爭優勢，但如果是以五年、十年作為單位，「競爭」這件事情就變得很簡單，每一件事情條列出來也許本身都是不起眼的小事，但很多事情當你持續堅持的做，不停的累積這些小的事情之後，它就會變成一股非比尋常的力量。

當你想要精進、想要做長期主義時，你只需要做好「長期」這件事情，只要有足夠的耐心，就會遇到一個巨大的爆發。在學習上要記得：**「直覺除了『本能』，還有『經驗』的累積。」**

凡事都能講求天分，反應快絕對是一個很大的優勢，即便一開始反應很快，只依靠本能跟天賦去做事情，但這樣維持不了多久，就會被有經驗的專家超車。

不論身體素質再好，選手都必須經過大量的基礎訓練；先從本能出發，理解規則後，再加入一些自己的思考，而那些起初看似笨拙的思考，在不斷重複累積經驗之後，最終就會成為與本能類似但卻明顯不同的「直覺」。

這些真的在考場、賽場上用得上的直覺，對不懂遊戲規則的人來說，也許只是天賦，但看在所有選手眼裡，那都是大量練習的結果。

所以我一直說服夥伴，看到新的東西，不躲就先贏一半，因為只要花點精力弄懂規則，你就能判斷這是否是你喜歡的遊戲；假設這真的是你喜歡的遊戲，就可以開始參考別人的經驗，須臾之間和大部分人就天差地別，因為大部分的人都不鑽研規則，自動淪為敗者，所以執著的傻努力就占了很大的便宜。

「種樹最佳的時間有兩個，一個是25年前，另一個則是今天。」——馬拉松之神Eliud Kipchoge

學生悄悄話

四年前即將升國三的我，因緣際會下進到了宗義老師的必勝班，當時的我要面對的是要在一年內完成國三的所有課業，同時把過去國一國二漏掉的基礎一一補齊。

「一杯裝滿水的杯子無法再裝進任何一滴水。」宗義在我國三上學期親筆寫給我這句話，看似要我面對自己的不足，更深層的涵義則是「你可以更強」！

那一年與宗義相處的日子裡，這個「追求頂尖」的班上，沒有大聲地喝斥、沒有制式的規範，更多的是同儕間自律的氣氛，大至每日黑板提醒著我們的字句，小至每次模考後的狀態檢討，甚至是放輕腳步聲、關門聲、專注眼前的事……這些細節，以及聖誕節少不了交換禮物的一絲溫馨，宗義就是如此細心引領大家凝聚在一起，往更高的地方前進。當時每一天準時出現在這裡，不是宗義的要求，而是他傳達給我們的精神「隨時警惕自己在最正確的點上」，自動自發且踏實地做好每一件事，我更堅信自己即使走的慢，也可以爬到那嚮往的山頂，體會那風景的讚嘆。

宗義帶給我的不僅僅是讀書的方法，更多的是內心的成長，每日的宗義小故事都默默地提醒著我們當下該注意的讀書節奏與心理狀態，每個學期末宗義親筆寫給每一位同學的卡片，以及答案卡背面熟悉的鉛筆字跡，都是宗義紙筆下對我們無微不至的人生指引。

一路走來，如果沒有遇到宗義，如今我不會走在這樸實而不平凡的道路上持續挑戰下一個山嶺，也不會走過從「如果是宗義會怎麼想」，蛻變到「如果是『我』會怎麼想」的過程，我想這就是所謂多年後許多的忘記，還能剩下的才是所學，這份來自良師益友的禮物。

金華國中▼政大附中▼師大資工　王同學

11 頂尖

成為頂尖的第一要件：不要犯重複性的錯誤

那是一次程式語言的比賽，為了那個比賽，我跟我的夥伴準備了大概半年的時間，從初期的訓練、無數的作戰會議跟高壓的模擬賽，以及最後那些在賽前用來穩定軍心，熱血的、用心的賽前喊話。

比賽當天上午的第一個競賽，主辦方規定必須先進入比賽網站且登入自己的帳號，不然就會變成是模擬練習；但因為我求好心切、急著開始，所以沒有登錄帳號，第一個競賽結束時，我的積分原本是那項競賽的第三名，但卻因為沒有登錄，導致我的積分是零，而且因為我沒有登錄，所以我們隊伍在那個競賽算是缺席，也就是說他們下午的比賽直接不能進行。大夥兒準備了六、七個月的比賽，就這樣被我毀掉了。

我當下非常難過、沮喪，把自己一個人鎖在飯店房間，非常懊惱。大概過了半小時，我的手機開始響，於是我把手機關機；飯店電話接著響起，索性把電話線拔掉；最後當廁所的電話響起來的時候，我接起來，非常兇的問：「是誰？」撥電話的是我們當時的隊長（我們的隊長是一個女生，她有點像是一個大姐頭，直到今天我都非常尊敬這個人，不只是因為她的專業，而是因為她的個人特質），電話那頭傳來的第一句話是撒嬌的聲音（跟她本人非常不搭嘎）：「宗～義～」我馬上跟她道歉：「隊長抱歉，我口氣很差，我今天表現不好，我相信我明天會不一樣的，我今晚會……」

「宗義，下來陪我吃飯，今天太忙了，我到現在都還沒吃過飯呢。」她打斷我，語氣非常和緩，有點像是家長對孩子的語氣，但我拒絕：「抱歉隊長，我沒什麼胃口，我今天晚上會認真準備明天的比賽，我會……」

「現在下來！」她馬上換了一個專屬隊長的命令語氣，並掛了電話。我腦袋當機幾秒後，快速收拾東西下樓。

看到她時，她的眼神沒有嚴厲，純粹是打招呼的眼神。當天晚上沒有其他隊友，只有我們兩個，她沒有跟我聊任何關於比賽的事情，我們談論車子、體育競賽，還有她未來的安排、我未來的安排，她的男朋友、我的女朋友，她的家人、我的家人，聊了很多我們對生活上的態度跟想法，那個晚上結束時是很平靜地，我送她回飯店時，她叫住我：「明天第一個就派你上場。」沒有期待跟命令的口氣，純粹只是告知，我平靜的說：

「我會好好表現的。」

隔天，我的心態很平靜，雖然第一項競賽講求的是氣勢，但我卻把其餘隊伍領隊、副領隊虐到懷疑人生，不僅拿到最高的積分，還領先第二名一大段差距。下場的時候，我直直地走向隊長，我以為她會給我一些稱讚或者是一些鼓勵，可是她完全沒有說任何話，她只是輕拍了我的頭，馬上就開始討論下一個競賽戰術，好像我剛剛的表現不曾發生。後來我才明白，她的意思就是「平常」，那都是我應該要有的表現，不值得額外稱讚，因為這只是平常的狀況。

良師義有

「追求夢想的道路從來都不平坦，但是別丟了目標也丟了自己。」

關於犯錯，我其實還有一個很嚴厲的故事。

有一次在海軍軍訓的體驗營，我們第一天跳「早操——五千下開合跳」，跳到腳都沒辦法站直。後來一個胸前掛著非常多勳章的長官走到我們隊伍前，拉了一個黑色的垃圾袋後，走到隊伍中央，並叫一旁的夥伴躺進去。我看著那個垃圾袋，很快清楚地發現那是「屍袋」。

那位軍官接下來講的話，讓我清楚了解犯錯會造成什麼結果，他大聲告誡：「我希望你們看清楚這個景象，如果你成為一名軍官，這就是你犯錯的下場。」我衷心希望你不曾經歷我們的痛苦，卻能擁有我們的成長，會犯同樣的錯誤是「還不夠痛」、「還過得去」，銘記成為頂尖的第一個條件：「不要犯重複性的錯誤」。

良師義有

「一個人不會犯兩次錯誤，第一次也許是犯錯，但第二次就是你的選擇。」

學生悄悄話

回顧在必勝班的日子裡，許多宗義講過、寫過用來勉勵我們的句子中，「會考的結束不是句號，只是一個逗號。」似乎平平無奇，但這句話卻在我走過了會考及高中大大小小許多考試後，依然清晰地記得，並不斷影響我所做的每個決定。

當時身為國三生，一心只有會考的我並沒有把這句話看得太重，卻在升上高中後漸漸了解，不只是在會考時期，更是在高中享受到更多自由後，都要知道，不論克服了什麼困難，名為人生的這首曲子不曾停止，依然要繼續奮鬥、繼續努力，以求攀得更高。就如會考後，重要的不是穿上什麼顏色的制服，而是清楚自己不能停滯在這件制服上，要往更遠的地方追求。

宗義帶給我的遠遠不僅只在紙上的符號或算式，更多的是面對自己和未來的心態。高中三年的制服顏色，曾經讓我耿耿於懷，但是宗義的話給了我向前看並為下一戰做準備的動力。我覺得這些話語從來都不侷限於備戰會考，而是在我們未來的人生中依然受用的忠告。

愛徒　呂同學

12 不卑不亢

謙虛是保持心態平衡最好的方式

我想推薦一項很特別的運動，那就是「射箭」。也許你很會打棒球、籃球、排球，但做一些不一樣的體驗，會是很美妙、神奇的，而且可以讓你抽離生活壓力。射箭練習一年左右，我認真射箭的話，平均分數大概會落在七到八分，偶爾一支九分，運氣好來一支十分。

那是在台北射箭場的一個早晨，我看到一個很厲害的大哥（年紀大概落在四十到五十歲），他看起來氣定神閒，散發著平穩的氣場，而他射出的箭幾乎箭箭十分、百發百中，不管是姿勢還是氣勢都非常專業。所以我買了咖啡，非常禮貌地跟我的朋友一起去認識這個長輩，試圖跟他請教射箭的祕訣，沒想到他非常和藹的跟我們聊了很多。

他主要跟我們講了幾件事情，第一個是「手腕的平衡」，在抓住弓箭的時候不可以偏向左側或右側，重點是手腕的重心必須拿捏得宜，不要想抓著箭，「溫柔的箭」力量是最大的。第二個是「力道的平衡」，除了右手抓住弓箭以外，左手控制你的弓也是非常重要，在做左手跟右手的訓練時，要針對「射箭」這項技術做訓練，如果你是右撇子、左手拿弓，必須練習拿啞鈴維持射箭姿勢，每次至少五到十分鐘，要感覺到「弓是手的一部分」。

第三個，也是最重要的部分（這也是我提起這個故事的原因），就是心態的平衡。

他說他年輕時有一次去比賽，遇到的對手是韓國隊當年的奧運國手，他第一支箭十分、對手也是十分，第二支箭他一樣是十分、對手也仍然是十分，當他要射第三支箭時，他的手抖到連弓都拉不開，那些「好勝心」、「虛榮心」全都湧上來，他的教練馬上幫他喊了一個暫停，但他還是射了一支七分，後面節奏整個大亂，心態全崩，因而敗下陣來。

聽完他的故事，我繼續跟他請教要怎麼樣才能讓自己保持心態平衡，他給了我很特別的答案：「保持謙虛是最好練習心情平穩的方式，最好的狀態就是不卑不亢。」因為只要是專業的選手，一定都有表現得好跟表現得差的時候，但是專業的選手不會因為今天表現得好而趾高氣揚，不會因為今天表現得差就自怨自艾，我們知道那只是比賽的一部分。

於是我對「職業水平」有了不一樣的理解。就像下圍棋，隨時隨地都可以下，但冠上頭銜的比賽氛圍，跟普通競賽的水平就完全不同，那種對比賽的理解，跟同等理解程度的人較量之後，再往前進的那種激動，很是讓人興奮。

「做一個職業運動員，把球打好只是最基本的要求。」

林書豪在離開 NBA 之後到台灣職籃打球，同一時間還有另一名 NBA 球星來台，網路上興起了一個票選活動，詢問大家最想看哪個球星打球，一開始我把票投給另一位球星，但是一年後，大家卻都想去球場看林書豪打球，主要原因有兩個：第一，林書豪上場的每場球賽都拚盡全力，那是一個職業球員該有的素養，不管對手是誰，都應該拚盡全力打好每一場球賽，身為一個球員，把球打好只是應該的。第二也是更重要的，是他場下的嚴謹訓練、記者會回應記者的談吐、鼓勵隊友跟帶進「職業文化」，建立個人品牌與形象。對職業球員來說，「球星」所代表的絕不只是「球技」，而是他們透過這項運動，所傳遞出來屬於自己的精神跟文化，所以「在自己的比賽上傾盡全力不只是責任，更是一份義務」。

「長大後，我想成為林書豪」一定有很多在籃球場上努力的孩子這麼說，他們引以為目標的絕對不是單純的球技，而是林書豪的職業態度、人格特質。

「這世上不可能存在著沒有被打敗過的選手，但是一流的選手會盡全力讓自己再次站起來，普通的選手再次站起來的速度會比較慢，而敗將則是會一直躺在球場上。我希望，我能在球場上很快看到你。」——德州大學美式足球教練 Darrell Royal

學生悄悄話

宗義對我來說，從一個老師、朋友到現在像爸爸，或是也可以說是能夠並肩作戰的夥伴吧！

宗義看著我長大，從一個實力不差但總是抬不起頭的學生，到高中畢業後和宗義一樣到補習班打工上班，我們互相交換心得，我也跟他分享大學生活。有一個這樣亦師亦友、隨時能傾聽傾訴的對象，真是幸福又珍貴；而這些點點滴滴，都讓我蛻變成一個更相信自己的人，每一次寒暑假的相聚，我們好像都有一點點不一樣，有一點點成長。
好榮幸一路走來有宗義的陪伴。

復興國中▼北一女中▼台灣大學　李同學

13 狀態

認真就是一份專業，
鼓勵自己也感動別人

「做一天就是作秀，做四年叫做行動藝術，每天搭公車上班就是要讓公務員知道他的意志力就是這樣。最重要的是，每天把小問題解決，就沒有大問題。」——柯文哲

我教數學，在十多年的教學生涯中，很多人跟我說他們覺得「數學很難」，但就我的經驗，沒有什麼學習是容易的。以我自己的觀察，學生會覺得數學很難，多半是因為想在一兩天的時間內就做完別人兩三年的事情，那樣的難度是很高的。

他可能在國中二年級面對考高中的壓力後，才突然開始念書，可是偏偏他從小學五年級開始，就沒有很用心在上數學課，甚至只是「純粹」的上課，完全沒有理解題目，只有透過瘋狂的寫單元卷、段考題讓自己產生熟悉感跟熟練度，這樣的方式對短期考試非常有成效，但是在面對模擬考時很有可能會瞬間崩

盤。這樣的同學也許平時成績看起來也不差，學習狀況也看起來積極，但是就沒有辦法融會貫通。

我不只一次在程度好的同學的考試報告中提醒他：「你在用國小的方式回答國中的問題。」然而，想要在短時間內修正讀書方式跟狀態是非常困難，這需要長期的改變，於是我要求自己，在學生四點從學校下課到補習班前，我就要出現在補習班並開始念書（但是我有鼓勵同學下課去打球，因為體力跟運動都是很重要的），這樣他們來的時候就會看到老師正認真地讀書，而黑板上早已寫好今天他們要做的事情，包括功課、課前考的範圍、課前應該做的預習、還有每日勵志小語（這可以讓他們寫日記，練習作文……）。

還有，除了學生既定的上課時間，我還安排一個讀書寫功課的時間（不額外收費、不強迫來），好幾次開會，我的工作夥伴都有提議這個時間能不能讓工讀生、輔導老師看班，但我的回答每次都是「絕對不能！」因為**教育最大的力量是「陪伴」，老師付出時間，才能贏得孩子更為自己付出。**

「帶進文化最直接的方式，就是自己認真做事情」，一旦你自己認真做事情後，本身就會獲得很大的能量，同時這股能量會給予很多人很大的信心跟信任。帶夥伴不只重言教，更重身教，當他們發現你做的事情跟你講的事情是一樣的，而你真的像你所說的如此專業，他們就會開始「尊敬」你，而這時你的稱讚對他們來說，就會產生非常大的鼓舞。

「認真做事本身就是一種文化，不用強調做什麼。」

良師義有

「在一次像樣的努力之後，如果你迎來挫敗，沮喪是你對你自己最起碼的敬意。」

有一次，有一個區域學校考試，題目考得非常難，連我班上的第三名也只考了八十分，上課前看到同學們充滿沮喪的神情，班上也籠罩著低氣壓，但他們仍然認真跟我討論考卷、努力做修正，在那一刻，我不是想安慰，而是想稱讚他們。我深刻了解自己已經做對一些事情：**面對夥伴的錯誤跟失敗不能先想到懲罰，而是要先想到夥伴的情緒，每一個失敗都有些許的驕傲，的確該反省；但失敗是成功之母，要有慶祝失敗的智慧。**

做錯事、打敗仗的確會沮喪，甚至會覺得不知所措，但這樣的狀況表示領導者對這個環境的經營是成功的，表示團隊已經有榮譽心去做事情跟追求共同的目標，這瞬間其實領導者不用再做什麼，靠著環境的氛圍，你的團隊夥伴也會跟著一直往前進，因為他們已經在正確情境的軌道路上。

「只要相信自己，就算和別人不一樣，也是可以的。」——鈴木一郎

在解決問題的時候，會遇到很多困難，你要做的就是把困難條列出來，一個一個去解決、一個一個去面對，**勇敢面對問題，事情就解決一半；選擇逃避，事情就增加一倍。**

如果你已經是一項比賽中的佼佼者，我和你分享《帝王學》裡面一個重要概念：「統治者，一定要定期當眾獵殺老虎給眾人看，因為如果太過怠慢，旁邊的『人民』就會想要挑戰。」

有一隻狗問牠媽媽說：「媽媽，幸福在哪兒？」狗媽媽跟牠說：「幸福就在尾巴上。」於是那隻狗就開始像個風火輪，一直瘋狂地追逐自己的尾巴，始終追不到，狗媽媽笑著跟牠說：「幸福就在你的尾巴上，只要一往前，幸福就會一直跟著你。」

「跑起來，不要走。記得，不論是追求目標或生存自保，都要衝刺，往往兩種情況難以分辨，但不論追或逃，勇往奔跑吧！」——輝達（NVIDIA）創辦人黃仁勳

學生悄悄話

遇見宗義老師是國二升國三的暑假，他第一堂課時就問我：「妳想去哪？」我自己其實沒想好，就直接回答我爸媽給我的目標——中山女中，他當時十分驚訝，因為我國一、二的成績並不出色，但他並沒有潑我冷水，反而針對我的目標，幫我一步步修正讀書方法，「只要妳還沒有放棄，我也不會放棄，這個遊戲就還沒結束。」所以我十分相信，如果自己能跟著他，一定能變得很不一樣。

衝刺這一年，宗義老師是除了我爸媽之外，唯一願意相信我辦得到的人，他讓我更有信心且放心的準備及應考。對我而言，他一直以來在做的，就是讓他的學生擁有可以做夢及實現夢想的機會。

國三這一年就像是慢慢在爬山，而我在這個過程中，擁有一個專屬導遊，讓我在山中能盡量順利達到山頂，我覺得自己非常幸運，雖然我最後沒有考上中山女中，但我在老師的帶領下，已經蛻變成更優秀的自己。

「如果你也擁有一個值得追求的目標，就要拿出那樣的態度、精神乃至於自信。」這是宗義老師在升九年級暑假的最後一堂課，寫給我的結業證書中的一句話，拿到這張結業證書的那天晚上，我把這幾行字仔細想一想，現在這種狀態真的是我自己想要的嗎？我慶幸自己在這一年中能拿出 120% 的努力及精力，這幾乎是我這輩子第一次這麼努力地去做一件事，因為有這幾行短短的字，才能有那個努力且勇敢的我。

衛理女中▼成淵高中　李同學

14 投入

看到別人的需要並且付出行動

有一個小鎮連日沒有降雨，牧師請所有信徒到教堂禱告，祈求降雨。

來到禱告會場後，牧師指著場中一個女孩說：「這個小妹妹讓我非常感動。」大家看過去，發現女孩手上拿著一把雨傘。

那把雨傘代表著希望跟相信。

上帝會不會應允教堂信徒降雨，那是上帝的問題，但是有沒有信心跟希望，是我們的問題。

之前跟著學生一起參與環保活動，發現他們不僅晃來晃去不聽指揮，甚至還直接製造垃圾，讓身為老師的我很生氣。中午吃飯時，一位較年長的夥伴安慰我，他說其實不用生氣，因為環保不是他們要做，而是我們要做，是我們要帶著孩子一起做。於是當天下午，我跟孩子們一起玩了起來（其實是跟那些孩子互丟垃圾，好玩且充滿笑聲），遊戲結束後我獨自收拾那些垃圾時，他們也跟了過來，跟我一起把垃圾收好，此時也是充滿笑聲的。

在教導學生的過程中，我特別喜歡和程度中等，甚至是中下的孩子一起努力，因為那些成長故事是會被看見的，而且一旦那些故事被看見，就會產生感動的力量，這樣的力量搭配希望，就會變成一股滲透人心的力量，會感動很多人、會改變很多人。

「看到別人的需要，而且付出行動。」是很重要的。

「在別人的需要裡，看到自己的責任。」那位年長的老師曾經在課堂上講過這句話，我清楚地記到現在，這是能夠放在任何活動跟社團的精神。

曾經有一位北一女學生問我：「社團要參與到什麼程度？」我很清楚的回覆：「要看你想要獲得什麼樣的回憶。」因為即使只是一個小社團，也會因為個人的投入而與眾不同。但是不可以是「傻投入」，我的經驗告訴我，如果夥伴都不願意參與，而我卻獨自努力，到頭來也是孤掌難鳴。只要他們喜歡、重視的活動，他們一定會出現，那他們不重視的原因是什麼？他們參與度不高的原因是什麼？如何讓他們提高參與度，才是身為幹部跟領導要做的事情。

坦白說，有些人覺得老師這個職業很好當，學生考好了，家長會主動來感謝你；

但是孩子考差時，通常家長會認為那是孩子的問題，甚至罵孩子、打孩子。有些補習班老師為了扛住招生壓力，或是讓上課看起來有趣，於是會在課堂上講黃色笑話、或是玩遊戲，如果時間不超過十分鐘，當成簡單調適，我覺得倒還可以，不過這些遊戲時間若多到影響課程進度而沒有實質幫助時，就完全沒有必要。學生的成就感很現實，就是學習成績，過程很重要但結果更重要，學生是要開心沒錯，可是開心絕對不能是聽黃色笑話或是玩遊戲，必須是在過程跟結果都有真實的提升，才正確。

如果你正準備辦一個活動，或是經營一個社團，以下這三個問題可以幫助你釐清一點想法：

1.夥伴要什麼？

如果你曾經也是夥伴，之前那些你參與活動所留下的感動、回憶、笑聲、成長……把問題條列式的寫下來，再寫下能夠完成這些目標的契機，然後跟夥伴一起討論對策，這會讓你們凝聚向心力。

2.你要什麼？

錢（即使是學生活動，賺錢也是應該要的）或是身分跟價值、尊重，想清楚你要的東西，你才能定位好自己在任何活動跟團體裡的位置，也才不會演錯角色。

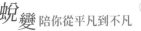

3.你能給夥伴什麼？

如果你有想傳遞的訊息，大到理念、小到關心，都是應該先計畫好的。我很清楚記得大一暑假參加活動沒有帶衛生紙，傻流汗的蠢樣；隔年我當隊輔時，就順手帶上衛生紙、溼紙巾，甚至還買了全新的衛生棉（雖然沒有用到），雖然當天安然度過，沒有發生任何問題，有趣的是那些夥伴隔年大二卸任幹部回饋時，都有講到前一年我從背包拿出衛生棉的這些小細節。

那些回憶對他們來說能回憶兩年，你卻能回憶一輩子。

如果翻開這本書的你是考生，老師想特別跟你再提醒，你正在選擇跟你玩遊戲的夥伴，讀書從來都不是目的，是手段跟工具，它能帶著你往你想要去的下一階段前進。

「凡此種種不會在最初的一百天中完成，不會在最初的一千天中完成，不會在本任期中完成，甚至也不能在我們活在地球上的畢生期間完成，但讓我們開始吧！」——美國第三十五任總統約翰·甘迺迪

學生悄悄話

學習是一段漫長旅程，宗義老師是指引方向的那一道光。

國三準備會考，在宗義老師的幫助下，掌握到學習的方法與節奏，老師除了在課業上給予及時的輔導，更激勵我要相信自己，挑戰更高的目標。

難解的數學題，宗義老師總能用他特有的教法讓我快速理解。數學是要活用的，舉一反三的例題演練，豐富了我的思維，運用在其他科目上都能得心應手。

很幸運遇到宗義老師，讓我在沒有超修的情況考上建中數資班。謝謝老師給我向前衝的勇氣和力量。

龍門國中➤建國中學　李同學

15 轉念

追求別人的目標只會到達
不屬於你的終點

「有的時候你覺得天要塌下來了，其實不過是自己站歪了，只要再站正，天就永遠都不會塌下來。」

有一位美國生意人來到墨西哥海岸邊的小漁村，看見一位漁夫在岸邊停泊的小船上，船裡面有好幾條碩大肥美的黃鰭鮪魚。美國人稱許這位墨西哥漁夫的漁獲品質絕佳，並問他捕這些魚需要花多少時間。墨西哥漁夫回答：「一下子就可以了。」

美國人接著問，為什麼他不在海上待久一點，多捕點魚？漁夫說，他捕這些就足以供應家人的生活所需。美國人繼續問，那他剩下的時間都拿來幹嘛？墨西哥漁夫說：「我睡到太陽曬屁股，和孩子玩一玩，然後下午和妻子小睡一番，每天傍晚到鎮上遛達、喝點小酒，和朋友一起彈彈吉他。」

這位美國先生一臉輕蔑地說：「我擁有哈佛大學企管碩士學位，我認為你這樣是在浪費生命。你應該多花點時間捕魚，然後用這些收入去買一艘大一點的漁船。這艘大一點的漁船可以帶來更高的收入，最後你可以用這些錢買下一支漁船隊，相信十五到二十年後，你就能在洛杉磯經營逐漸壯大的企業王國。」

「先生，那然後呢？」

這位美國男士笑顏逐開說：「然後你就可以宣布公司股票公開上市，把公司的股票賣給大家，變得有錢得不得了。你可以賺進幾百萬美元！」

「幾百萬美元！先生，那之後呢？」

美國人愣住答：「然後你就退休，搬到一處靠海的小漁村，你睡到太陽曬屁股，和孩子玩一玩，然後下午和妻子小睡一番，每天傍晚到鎮上溜達、喝點小酒，和朋友一起……」

想清楚自己要追求的東西很重要，盲目追求別人的目標只會到達不屬於你的終點。

在我的教學生涯中，有一大部分的夥伴在考試前，會「擔心」自己考得不好，我認為這樣的心態不是不好，而是不對。也許，因為有投入準備，所以才會有考不好的擔心，如果完全不準備，有的時侯只會是一種坦然；但正因為這份擔心，才恰恰反應了平常準備的不足，不管什麼競賽，都要記得：賽場上能做的，只是把平常的東西表現出來，求好心切的心態反而會使自己有可能表現得不如預期。要懷抱希望，但不要是期望，這樣你拿到的會是奇蹟而不是失望。

「事情只要發生，一定有美好的一部分。」

「擔心」是負面的，「緊張」也是。身為人的我們在面對未知的恐懼時，就是會感到擔心害怕，不過我仍一直鼓勵夥伴：「沒有緊張、只有興奮。」

同一時間，我也提醒夥伴，不能只是「純正面」。

如果事情尚未發生，就先入為主的認為「應該會很好」、或是「肯定很差」，一昧的正面或反面思考，長期來說都是不健康的。心態的調整，必須是在事情發生之後，當你已經沒有辦法調整事情發生的結果，就要調整面對結果的心態。

「發生的事情已經發生了，這是對這個世界照常運轉的信念，但不是我們聽天由命的藉口。」——電影《天能．TENET》

生命是美好的，每件事情只要發生之後肯定都有美好的部分。我的老師在生命教育演講中多次提到：「如果我演講講完，卻在回程搭車的路上出車禍死掉，那是美好的，因為人生苦多樂少，同時愛我的家人知道我也愛他們。如果我被驗出癌症，不管是六個月還是三個月都是美好的，因為那讓我有機會去面對死亡。如果我活到八、九十歲死掉，那也是美好的，因為我就有很多時間去做我想做的事情。」

良師義有「如果你不滿意現在的自己，一天改變一點點，一段時間看起來就會差非常多。」

「正因為沒有翅膀，人才會去尋找飛翔的方法。」——日漫《排球少年》

日本有一位個子很矮的排球選手，被日本媒體稱為「小巨人」，因為這位選手雖然只有一百六十公分的身高，但是打起球來完全不懼身高兩公尺的差距，單看他打球的得分數據，會讓人誤以為他有三頭六臂。

這位選手最討厭的，就是別人說：「果然是因為矮才輸的吧」、「那也沒辦法，你太矮了。」

有一次，有位發自內心稱讚這位選手的記者提問：「你的對手平均身高超過一百八十五公分，所有人都比你高，你對此有什麼想法呢？」

「從以前開始，我只要表現得好，就會有人說我『明明很矮卻很厲害』，但我都會反駁『我就是很厲害』。因為以全世界的標準來看，一百八十五公分仍然是矮的。」

「世界？」記者傻住，對於這突如其來的回覆不知如何應答。

「我不能因為個子矮受矚目，大家都把身高矮看得太絕望了。矮雖然是在排球運動中一項很不利的因素，但它絕不會成為注定失敗的原因！」

對一個格局很大的人來說，一切都是渺小的，目標、障礙都是。

「如果你向上帝禱告，說明你相信上帝的能力，如果祂沒有回應你，說明祂相信你的能力。」——華倫．巴菲特

學生悄悄話

從小到大，我的自我價值總是奠基在成績之上。在我的認知中，考卷上的數字代表了一切，因此我總是追求完美，不允許自己出任何一點差錯，總覺得獲得掌聲和讚賞的我，才是被認可的。而在強調學業成就的社會中，我似乎擁有了一切，但只有我自己知道，光鮮的外表下，我是如此的迷茫。國三那年，我認識了宗義，而他，完全是我嚮往成為的樣子。

對我來說，宗義的存在讓我有了精進自己的模板。他總是拿自己的經歷當作例子，好的壞的都不吝於分享。細細咀嚼一個個他分享的小故事，慢慢消化他給予我的鼓勵後，我逐漸明白，盡全力之後也要學會順勢而為，不必執著於微小的差錯，激進的消耗自己反而會越用力越偏離；我學著和自己和解，接受自己的不完美；我慢慢地摸索，找到自己真正想要的是什麼，讓自己擁有一個能寄託的理想，有更大的動力向前。當時真的能感受到自己慢慢地變好，彷彿背了許久的負擔，一個個地被卸除，是一種解脫的純粹喜悅。

我想，當一個人能把自己敞開來，把自己毫無保留地向他人分享，他便能發出足夠打動人的聲音吧！雖然和宗義相處的時間不長，但他帶給我的力量是永恆的。上了高中後，帶著他給我的這份勇氣，儘管一路上仍然磕磕碰碰，哭過笑過懷疑過，但我當時一點一滴建築起的強壯心理，讓我始終能保持著熱情，堅持最真實的自己。

中正國中➤北一女中　趙同學

16 眼界

有一種視野上的侷限是偏見

你是不是羨慕那些一年出國好幾次的人？

我有個同學，碩士畢業後父母就催她結婚，安排無數次相親，可是她卻選擇去非洲做志工，現在她會說四、五種語言，我們還一起分享當志工的樂趣，跟國外夥伴圍著火爐唱各自國家國歌的友善氛圍。

「如果足夠幸運，年輕的時候住過巴黎，那麼不論你此後到哪裡，巴黎將一輩子跟著你。」——海明威

城市的氣質會影響人的一生，那不只是一種氛圍，更是一種渲染。天上的一天是地上的三年，環境造就文化，文化造就人文。

你是什麼樣的人，就會吸引什麼樣的人，多和那些優秀的人在一起，他們的思想會潛移默化的影響你。

我很清楚的知道，如果我有錢，最應該投資的就

是自己。所以我十八歲開始，每個月強迫自己報名一場至少兩小時的講座課程，或是參與各種營隊。雖然直到我二十三歲，我的存款才超過五十萬，但二十一到二十三歲間，我去過韓國滑雪、到泰國拜佛、在日本品茶、在新加坡賭博看百萬夜景、和朋友在香港演古惑仔，現在也計畫要去冰島看極光、去肯亞看動物大遷徙……那些我曾經羨慕的生活，不知不覺已經成為我的日常。

我家其實並不富有，買東西時我都會斤斤計較那幾塊錢，但隨著能力和視野的提升，我發現「真正貴的東西就只有『貴』這個缺點，而便宜的東西就只有『便宜』這個優點」（當然是不計CP值，這邊要強調品味），有一種視野上的侷限叫做偏見。

我曾經分手過一個女朋友，當時覺得我的世界就要天崩地裂，好像再也好不起來了。落魄好幾個禮拜後，有一個神父跟我說：「從塞爾維亞大教堂遊歷一圈，就不會認為失去一個女朋友就是失去一個世界。一個見過世界的人，品得出葡萄酒的年份乃至於產地，看得出普洱茶的年份跟好壞，分得清莫內和梵谷的畫作。」

那並不是炫耀，而是在任何時候，都能從容不迫，不會過於大驚小怪；不會因為所有人都追尋某位明星，就不假思索的追隨；也不會因為一份不錯的收入，就放棄自己的原則。

以中國武術來說，核心從來都不只是拳腳上的招式，還有很重要「貴在中和，不爭之爭」的處事精神。「文無第一，武無第二」，不只強調勝負心（武無第二，站著的就是對的），還有「天行健，君子自強不息」的自我修養；除此之外，還有對文無第一的尊重（因為文章無法比較最好）。

曾有一位記者問 Larry Bird（NBA 名人堂球星），年輕的他與那時剛冒出頭的籃球皇帝 Lebron James 誰比較優秀？以 Larry Bird 的資歷，他絕對有實力，但當時 Larry Bird 對記者的回應是非常大度：「他（Lebron James）比較優秀。」當然這是謙虛的回覆，但更多的是智慧。

後輩更強，前輩的努力才有意義，給小老弟們讓位才是名宿該有的氣度。

「刀為什麼要有鞘？」

「因為刀的真義不在殺，在藏。」

最後分享一個小祕密，我草創公司時，我的名片抬頭是「業務經理」而不是「總經理」，因為當時我還太年輕，當別人問我一些需要審慎評估的問題時，我就能回答：「我回去請示長官。」一直到有一次飯局，有一個合作好幾次的廠商問我：「能否介紹你老闆給我認識？」我一時不知道怎麼回覆，他就接著說：「我是不是正在跟他講話？」我笑出聲，他敬我一杯酒。

良師義有　「成長是發現自己能做什麼，成熟是明白自己該做什麼。」

學生悄悄話

可以說要是沒有你，就不會有現在的我，聽起來很誇張，但卻是事實。

對我來說，你遠遠超出老師的身分，而是貴人。你就像燈塔，指引著在汪洋大海中迷失方向的那艘船。要一個人改變是件很不容易的事，更何況是改變一個人。你讓一個討厭讀書的人，愛上讀書，甚至享受讀書帶來的快樂。

你既是良師亦是益友，在你我之間不曾存在老師與學生的距離感，但卻從不失那份尊重，你教我的不只是那些存在於書本裡的知識，更是一種信念、一種態度，無時無刻警惕著我在最正確的點上。

你對待學生就像對待自己的孩子一樣，付出許多原本可以不用做的事情，但卻把這些小事當作自己的責任，也是因為這些堅持，讓你成為了一位最與眾不同的老師。很難想像當時如果我沒遇到你，現在的我會變成怎樣。

謝謝你改變了我！

龍門國中▼萬芳高中▼高雄醫學大學　鄭同學

17 問道於盲

不用看別人的問題，
最大的敵人總是自己

為什麼填鴨式教育不好？原因其實是出在回應問題的方式。如果老師快速的回答學生提問，通常學生只會針對那個題目下載經驗跟結論，省略思考的環節。但是當重複問題再跑出來時，可能有一部分同學思考速度跟熟練度比較快速，一點就通；但是對於程度較落後或是一般的同學，在回應他們的問題時不能只回應一個點，必須是整個觀念重新地帶過，因此要花比較長的時間、也比較費力，但這才是正確的方式。

「做對的事情，而不是把事情做對。」

這邊要語重心長地跟各位老師呼籲，要認真、要用心，因為老師是最有希望改變環境的人，如果連我們都選擇放棄，把問題推給時代跟環境，那所有人就都可以有藉口逃避了。老師有沒有認真跟用心，學生的感受是很直接的，教學現場的確會有不受教與不受控的學生，那時我就會這樣問自己：「如果這是我的孩子，我要怎麼教？」通常這樣想之後，做法就會正確。你不會知道自己是不是好老師，但你的學生一定知道。

一樣的教法，教出的結果還是會有所不同，因此「有效教學」必須照顧到「差異化」，才會真正有效，即使課堂上講得再清楚，每個學生吸收的狀況還是不同。我帶班時會用一次段考做為時間間隔，把每張考卷都拿出來跟夥伴做討論，跟夥伴一起設定目標與改善方式，跟夥伴一起努力。如果只是單純訂正考卷跟登記成績，準備類似考題反覆練習，只會讓夥伴精通錯誤的方式。要成為頂尖，第一個條件是「不要犯重複性的錯誤」，這句話其實需要老師跟領導者去帶領夥伴，而不是一味的告訴夥伴應該怎麼做，然後要求夥伴做到我們想要的樣子，這樣太天馬行空，也會拉開跟夥伴的距離。

考場上的「完美戰士」並不是一開始就能解決全部的問題，而是他會遇到非常多問題，但他把全部的問題都想清楚，那就會是一個「能夠解決全部問題的問題學生」。「天才橫空出世解決世紀難題」，「因為他解決世紀難題，所以他是天才」，顯然前者更吸引人，但這現實世界上沒有天才，只有地才。

很多考生會覺得平常如果沒辦法快速地寫、快速地反應，在考場時就會表現得很差。這樣的想法是不對的，因為訓練的時候必須專注在訓練上，考試的時候或是在賽場上時，則是專注在考試或比賽上。

比賽型選手是一群平時訓練常常心不在焉，但是比賽時卻非常可靠的人，那樣的夥伴，通常都會在畢業時拿到「有潛力」、「好可惜」等評語，因為要是這些夥伴連平常都能積極用心，他們肯定會是很強大的。

另一群則是「平常認真訓練，但是賽場上因心態問題而狀況不佳」，這樣的夥伴，我反而會給予更多非常正面的評價，因為這些心態問題會隨著大賽的經驗多了之後趨於平穩，累積的實力也不會是空虛的，成果通常特別甜美。**每個夥伴都有要去克服的問題，不用去看別人的問題，最大的敵人總是自己。**

你會在平常的時候做重量訓練，可是你不會在競賽時作重量訓練，然而有一些事情必須同時做，所以要跟你的訓練員討論，**「可以積極但不要心急」**，有些事情就是必須花時間累積，很多人急著去做那些好像會讓他們拿到分數的事情，然而實際上並非如此。所有人完成事情的曲線都會是指數模型，當你這件事情做到越熟練，你的效率就會一直不斷地提升，當你達到一個狀態之後，就會有完成事情的優越感。這時假如你要做事情轉換，你仍會保有這股優越感跟對這個遊戲的理解；我們很容易發現，在學校時那些程度功課好的人，會一直都很好。出社會之後，我要告訴你，有錢的人會一直都很有錢，不要怪環境，想辦法去「正確的玩遊戲」，才是現實世界的鐵則。

最後提醒：「絕對不能問道於盲」，假如你不懂一個數學問題，你可以去請教老師或是跟同學討論，但你不能請教不會的同學，很多時候會因為信任感，而問錯人。舉例來說，有可能你的老師非常負責任，但是他並不是一個好老闆，而你去跟他請教如何創業當老闆；也有可能你的老師幽默風趣，講課也很生動，但他帶的班級成績卻老是墊底，如果你還跟他請教如何教書，這就有點荒唐了。以上這些滑稽的情形，都曾發生在我身上。

良師義有「事情到你這兒能拍板定案，表示成敗你必須負起責任。」

怎麼找到正確的老師？「言出必行是最觀察一個人專業與否，最好的指標。」

老師百百種：有位補教老師教書三十餘年，開班授課全靠口碑不靠傳單招生，每天跟補習班同仁一樣準時到班，甚至比同仁早到，上課前會先在辦公室認真備課，在白紙上預演一次後再上台講給同學聽；但也有一位老師跟學生說他很會教、已經教三十年，但是他上課從來不備課，課前只會在教室外玩手機，上課講黃色笑話……。以這兩位老師為例，我完全肯定前者，不過相信類似後者這樣的人也不在少數，或許有些學生會覺得這樣的老師上課很活潑，課程也教得不錯。孔子曰：「括而羽之，鏃而礪之。」

（白話意思是：箭頭磨得銳利，在箭尾繫上羽毛，箭能射得更深更遠）為師者若能以身作則，一定能夠影響更多人。

角色重疊也是另一個大問題。一個好老師不一定會是好老闆，好老闆也不一定是位好丈夫。我有很多社經地位較高的朋友，他們都是專業人士，在自己所屬的專業領域表現非常突出，可是跟孩子的關係並不好。**「想要解決那個問題，就要找到解決那個問題的方法或專家，批評永遠不會使事情變好，解決事情才會。」**

「不做任何改變」是一種選擇，也是存在風險的，「不做任何改變」不代表意外就不會找上門來、事情就不會變差，與其等到事情變糟時抱怨困難為何跑到自己身上來，倒不如選擇在還能順利做事情的當下為自己多找點機會。不管夥伴目前是在哪個階段，你都可以講一句「沒關係，算了。」倘若已經浪費非常多時間，仍然不做任何改變，時間久了，你會非常沮喪，因為你曾經也有時間可以變得如此優秀。

太多人高估了行動之後的風險，卻嚴重低估不行動之後所帶來的風險。這世界基本上沒有「完全零風險」這件事，每件事所帶來的選擇都有可能爆炸，你需要的是列出所有選擇可能帶來的風險，然後評估，同時意識自己的風險偏好，最後做出屬於你的人生決策。

「亡羊補牢終得補上，因為還得養羊。」

學生悄悄話

還記得第一次看到宗義時，他一開始用故事來自我介紹，那一刻我便知道這個老師跟所有的老師都不太一樣。

從國中、高中到現在上大學了，宗義一直以來都扮演著老師的身分，但同時也是我的好友。

國中一開始在必勝班時，成績不怎麼樣的我常常會不專注在念書上，宗義總是在發現我分心時把我叫出教室，用他自身的經驗引導我，讓我去享受克服讀書的難題，也常常在考完模考時給我們全部的人用他「宗義式」的加油法，讓我們重新振作，這加油法不是責怪、也不是畫大餅，而是根據每個學生的狀況去分析可成長的程度，並給我們一些短期目標，讓我們能一次次達標並不斷進步。

這樣獨特的宗義式教學，讓我一直受用至今。每當遇到考試的挫折時，第一時間就是告訴自己下次要拚回來，而不是在那邊難過、放棄自己。現在上了大學，雖然常常受挫，但從來不會手足無措，總是相信自己可以在下次遇到挑戰時，能再次成長。

或許在很多人的眼中，宗義不是傳統的老師的樣子，但在我眼中，最好的良師益友便是宗義。

金華國中▼成功高中▼師範大學　黃同學

18 陣頭

創新不是妥協，很多時候是一種保護

不做鍵盤聖人，地方廟宇的「八家將」普遍都是比較不讀書的孩子，在很多老師眼中，他們都不太念書跟做事情，甚至在學生時期抽菸、打群架，被稱作是「八加九」，在我了解他們以前，我也不是很喜歡那樣的環境。機緣巧合，一個消防局的大哥邀請我去「體驗文化」，我體驗了「跳將」、跟神將的「畫臉」，那種融入後的感受度跟認識是不一樣的。

「因為不理解，所以才有誤解。」

我並不是去體驗「一天」，我認為要嘗試融入一個有文化的環境，至少要半年。一開始真的「如我所料」，夥伴們大多不讀書、言之無物、浪費時間……都是我不太能接受的事情，甚至讓我有很大的排斥感，但我還是很努力融入現場。

直到消防局的大哥來，開始練習跳將跟打鼓時，氣氛完全不同。領導出現後，團隊的文化整個顯現出來，不管是氛圍、氣勢、甚至眼神；進入練習時的我，看起來反而很像低能兒，笨手笨腳，而那些我前一秒還不喜歡的夥伴，現在主動、熱情的過來教我，把一些大量練習才能知曉的小細節跟結論告訴我，只為了讓我更快進入狀況；如此大的反差，讓身為教育工作者的我，有點無地自容。

第一次練習完的當天，以及之後的每一天，我都留下來幫忙夥伴一起打掃環境，不是因為想要討好，而是在接受別人幫助之後，想讓自己做一點回饋。

我非常幸運，剛好經歷新舊時代，傳統對神明的景仰跟現代舞蹈融合出電音三太子的衝擊，很多時候在練習的當下，大哥跟師傅會吵到不可開交。有一次我印象很深刻，表演前我們在神將的衣服上貼亮片、光條，準備往神明的頭上貼時，正在喝茶的師傅把手上的茶杯一摔，立即衝過來爭論。

我覺得「創新」是一定要做的事情，「存在，就是真理」，如果不創新，這些珍貴的傳統文化，反而會被時代的巨輪壓垮；如果你有一個很熱愛的傳統文化，而且真的想要保護它，要做的事情並不是堅持傳統，而是推廣「你熱愛這個文化的原因」；一個文化有人非常熱愛，很多時候除了文化本身，更多的是愛上那個文化的人文，跟幾代人深耕、人與人信念傳遞的價值。如果不推廣跟創新，很容易就會變成晚清時代，守舊派不交流提升，最後就只能等著被輾碎。交流不是妥協，很多時候更是對自己的一種保護。

「音樂之下，我就是神」——《電哪吒》

當音樂響起的瞬間，那句「我就是神」，是描述，也是驕傲。

良師義有

「『做自己』指的不是想做什麼就做什麼，『做自己』是不管做什麼都能保持有自己的風格。」

「或許人都是健忘，老是拿別人最後的一件事去評價。」

一個黑道大哥一生壞事做盡，在他退休之前，為了拯救過馬路不小心被車撞的孩子，不小心被車撞到而離開人世，從此他就是「城市英雄」；一個消防員一生救人無數，但是在退休前貪汙，謀取自己隊上的救人經費，那大家就會只記得他貪汙。

「重要的不是怎麼開始，重要的是怎麼結束。」我一直不斷提醒自己，「隨時警惕自己在最正確的點上」，並自詡那不是壓在身上的負擔，而是值得用一輩子去守護的榮耀和回憶。

「一路奮戰，也許不能做到改變世界，但至少能做到不讓世界改變我們。」

學生悄悄話

我上老師的課是在高一上第一次段考之後，一開始其實壓力很大，因為老師教超快、補充的東西又很多，根本無法消化。再加上我以前的基礎都沒有打好，學數學也是一個隨遇而安、懶懶散散的態度，因為沒有什麼成就感，所以很不想讀。

八點小故事是讓我更認識老師，然後堅持繼續上課的動力。老師有很豐富的人生經驗，而且真的是一個很強大、很自律的人。其實我覺得老師不一定是天才，但他付出超級超級多的心力去教每一個學生。有時真的是連我自己都覺得沒救了，但老師從不放棄。

我也有感受到自己的改變，之前寫數學是用全身的力量抗拒，然後寫不出來就很想哭。但是一次次的課程和練習，讓我覺得是種挑戰，考高分會有成就感，寫錯會找各種方法解決，不會再抗拒，甚至有時候會期待小考，因為自己已經準備好可以面對考試。

老師教的不只是數學，還有人生態度，他真的是認真到讓人有壓迫感。他上課從來沒有遲到，深夜十點半陪你解題目，他的行程表上沒有一個空檔，常常沒吃飯就來上課，只是因為不想血糖太高讓思考變慢。老師用熱忱對待學生，而不是把教書當成賺錢工具，我覺得他是非常非常難得一見的老師，真的很幸運能被老師教。

南山國中▼松山高中　黄同學

19 勇者

追求美好的力量，
遠比逃離痛苦來的更大

我有一個夥伴，非常勇於追求自己的夢想。這位夥伴在數學、物理、化學等領域上，或是純粹探討功課上的理解，表現都是最好的。對於具備這樣思考能力的夥伴，我發現他們通常在國高中時就已經清楚知道「自己要做什麼」。

「追求美好的力量，遠比逃離痛苦來的更大。」

他的夢想是製作出最棒的鞋子。

我跟他時常一起打球，他是愛迪達的忠實顧客，從頭到腳都是。有一次我們一起去買鞋子，他比店員還要專業地跟我介紹每一雙鞋子，從觀察我的腳是內旋還是外旋，比較喜歡的觸地感是EVA還是PU、我需要多高的支撐、足弓高、保護腳踝、保護小腿的功能等等，介紹的非常鉅細靡遺。直到現在，我都還是用他教我的那套方法挑鞋子。

他一直都很想要做這件事情，想要設計一款能夠被大家喜愛的運動用品，那是很酷的。設計系畢業後，想當然他去了愛迪達面試，而且他只報愛迪達，沒有投其他家履歷。面試官特別問他的「備胎」，他很清楚地回應沒有，他只想來到這間他一直支持、喜歡的公司。

他的真誠打動面試官。

他在設計部門總共蹲了五年，包含兩年的實習配合、三年的團隊合作。利用五年的時間學會這項專業，也參與過無數設計案。這樣的資歷，讓他在工作第六年，終於拿到可以設計一款他自己鞋子的資格，但是沒有球星代言，而是一般可以陳列在旗艦店、直營店銷售，測試市場水溫的鞋款。

產品完成之後，他獲得三天的假期，但他並沒有選擇去旅遊，而是前往最近的愛迪達店鋪幫忙，跟店長打過招呼後，他在店一開門就馬上幫忙賣鞋子；在他設計的鞋款開賣前，他好幾次提到，很期待當有人把他的鞋子拿起來時，他就衝過去跟客人介紹他自己。

他非常興奮地在那雙鞋子的附近徘徊，但是理想越豐滿，現實總是越骨感。

第一天並沒有任何一個人拿起他設計的鞋子。有人停下來看一眼，但沒有任何人把鞋子拿起來。第一天賣鞋子，他因為沒有做好萬全準備，中午需要離開一陣子去覓食；第二天他準備了飯糰跟水，一步也不想離開店鋪，他想至少等到第一個拿起他鞋子的客人，但是一整天過了，仍然一個都沒有。

第三天他一樣去幫忙賣鞋子，但是他並沒有再持續等待他的第一個客人。他開始觀察這些來買鞋子的人都是拿什麼鞋款起來，「如果不知道自己做錯什麼，研究顧客永遠是對的，因為市場永遠是最好的老師。」這一天，他一個人就賣了四十雙鞋子，其中有半數他服務的顧客特別帶走了他的鞋子，我相信絕對是因為他對每一位顧客都對我一樣，想幫助這些客人找到最棒、最適合他們的鞋。

「勇者終其一生只死一次，但弱者已死數次。」——莎士比亞

知道自己要做什麼的人是幸福的，因為那樣的人做起事情來不像是在工作。但有另外一種人，我不知道那樣是幸運還是不幸運，因為那樣的人通常很累，但即使累到筋疲力竭，他們的心靈依然是很飽滿的。我覺得我是那類人，我希望我的夥伴們也是。

知道「應該要怎麼做」，跟「願意去這麼做」還是有段差距的，不管是技術還是眼光，都會隨著時代與時俱進，所以必須警惕自己保持學習的習慣，若你發現你在停滯，實際上已是在後退。

「我發現會嚴格對待我的人，已經越來越少，所以我當然必須嚴以律己，這是理

所當然的事。」——鈴木一郎

學生悄悄話

15歲，是大部分台灣人一生中第一次面臨大考，有人說這是一次人生的分水嶺，也有人說這是一次獲取頂大通行證的機會，所有人拚了命似的以第一志願為目標努力著，但就如一輛長途旅行的車，即使設定好了目的地、順利地翻山越嶺，依舊需要停下來填補油箱，需要有能夠繼續前行的動力。

宗義就是扮演這樣的角色。宗義在必勝班的課程開始前，會花個幾分鐘講一小段故事，或是分享他的人生經驗，給予我們支持與鼓勵，讓我們在因為臨近大考而產生浮躁與面對課業的壓力中靜下心來，也使經歷了大量考試與知識吸收而疲乏的我們，能夠再次翻開講義，繼續追尋自己的目標。

仁愛國中▼永春高中▼清大生物科技　李同學

20 面對失敗

再站起來需要的不是勇氣
而是「骨氣」

《紐約時報》一篇文章中揭露，失敗已經從一種行動（我失敗了），轉變成一種身分（我是失敗者），在定型心態下，尤其如此。

優秀的高爾夫球員厄尼．艾爾斯（Ernie Els）也擔心這個，在歷經五年低潮、一再與冠軍失之交臂後，他終於再度贏得一場重大錦標賽的冠軍。記者訪問他：「若您連這場錦標賽都輸了呢？」他說：「我會變成另外一個人，我將會是一個輸家。」

這樣的心態，反而讓很多夥伴對挑戰怯步。

「若已經有某些成功，為何要冒可能從成功者變成失敗者、從贏家變成輸家的風險呢？」

良師義有

「我們太常稱讚不辨方向的努力；太少稱讚辨過方向的盡力。」

每年六月，當申請大學被拒的信函寄達時，各地出現了無數的失敗者，無數優秀學子一夕間變成「未能進入普林斯頓大學的女孩」或「未能進入史丹佛大學的男孩」。縱使在成熟心態下，失敗也可能是非常難過的經驗，但失敗並不會定義你，失敗只是一個必須面對、應付，並且從中學習的問題。無論什麼心態，失敗都不是什麼愉悅的體驗，但失敗不該定義你是誰。

不經反思與檢討的失敗，就只是一個會隨著時間逝去的負面經驗，但只要能從中成長，就可以成為成就未來生活的養分。

流眼淚沒有不好，每個人都會有情緒。夥伴面對低下的情緒，選擇「釋放」，而不是否定它的「存在」，那就是一種面對，是需要勇氣、也是需要被鼓勵的，就因為有各種情緒，生活才顯得繽紛。

陷入分數教育的泥淖，孩子考試考差後的情緒震盪是很大的，很多家長、老師在孩子失敗後，最常見的舉動是撤回幫助和關心，長時間下來就會造成跟孩子之間的隔閡。若能教導孩子面對失敗，和他們一起面對問題，不管是對家庭關係還是教育學習，都是更好的。

在一次考試後，同學下課時問了我這樣的問題：「如何在挫敗中找到堅持的勇氣？」

我想了很多。

首先，在還沒被別人看好之前，要如何確認自己是對的呢？我們在〈4計畫〉中提到骨牌效應，必須透過小目標推倒大目標；長遠的大目標通常無法一蹴可幾，可能目標太遙遠，因此實踐的過程中反而會開始否定自己；但是目標也不能太小，如果目標太近，反而沒有前進的動力。就像骨牌，間隔若太近，有可能會卡住而動不了；但若間隔太遠，碰不到下一個骨牌也不行，轉彎的角度更是學問。所以設定目標時（排骨牌），最需要的是有一個正確的引導者。好的引導者可以在夥伴將要遇到問題跟可能遇到問題時，給予夥伴適當、正確的協助。

所以當這位夥伴問我這個問題時，表示他正面對「挫敗」，沒有碰觸到「成功」。但是夥伴的「成功」，我並沒有權利跟資格去定義，所以我跟他說：「雖然在旁人眼中，這些話有可能像是反覆失敗後的逞強，但我覺得，一個人在遭遇失敗後，才會有在那裡再站起來的強悍，我認為那種強悍是真正的強悍，所以你是很棒的。我不想定義你的成功，因為有可能你今天很看重，明天卻視為土墣，但我仍能回答你的問題，要在失敗中堅持，需要的不是勇氣，是『骨氣』。」

對於準備升學考試的同學而言，能遇見一位願意個別指導每位同學的導師，想必是件幸運的事。

良師義有　「那不是你的問題，那只是你表達你有問題的方式。」

一年前，一個高中生的媽媽打電話給我，請我跟他孩子吃個飯。從那通電話我得知，他有在抽菸、喝酒，打這通電話給我是因為媽媽在他房間找到了更不可理喻的東西，所以想請我跟他的孩子溝通看看。

「妳為什麼不早點找我幫忙？」這是我當下聽完整件事第一個疑問。她的回應是：「怕破壞孩子的形象。」雖然我沒直接講出，但我當下心裡的想法是，妳都快失去這個孩子了，妳還在乎他的形象幹嘛？

見面後，我問了他：「你怎麼啦，有什麼問題呀？」

「我壓力大會抽菸跟喝酒。」他的語氣有點不好意思。

「那不是你的問題，那只是你表達你有問題的方式。」語畢，他開始吐苦水，一發不可收拾，講到激動處甚至哭到啜泣。社團、愛情，他看似都出盡鋒頭，但事實上，每個人都有需要面對的難題。

那天吃完飯後，我跟他排定了一些計畫去做，他媽媽詢問我能不能當他家教，我表示自己當下已沒有時間再排課，但是他有我的聯絡方式，隨時都歡迎他傳訊息過來問。

半年後學測，果不其然他考炸了，一樣約了我吃飯。

看到落寞的他，我說：「沮喪是面對失敗起碼的敬意。」並鼓勵他再堅持一段時間。

結帳時，我瞥見他背包裡的菸。

我問他：「你還在抽菸呀？」沒有責備，像是好朋友的「虧」。

他回：「很少抽了。」一樣是回應老師的語氣，卻帶著「我有進步」的堅定。

「給我一根。」他知道我是不抽菸的，對於我的要求，他只能睜大眼睛，把菸遞過來。

其實我清楚這是他面對壓力的方式，但那是不對的，而且還傳遞出些許逃避的心思。我跟他坦白我的想法，他告訴我的確如此。當下，我陪他把那包菸抽到剩下一根，並跟他說你不需要這個方式。

「這個菸留著，不要抽。」

「好。」他明白我的意思，微微敬禮後就上了他媽媽來接他的車。

最近分科測驗成績出來，因為他想念的科系很高分，清大感覺有點難，落點應該會是成大。我們一起吃飯，為他慶功。

「都是孩子自己的努力。」面對來自爸爸媽媽的感謝，我都是回這句，因為**我很清楚，跌落坑裡要爬出來到底多困難，而我只是丟了繩子，他要自己爬出來。**

年輕時走岔無傷大雅，畢竟誰沒有愚昧的時候。

「辛苦了，為你光榮。」

學生悄悄話

「隨時警惕自己在最正確的點上」是宗義帶給我印象最深刻，也是至今仍時時刻刻提醒著自己的一句話。

針對每一次模擬考，宗義不是只教完我不會的題目就含糊過去，而是不放過每一次模擬考試，抓出我的盲點，耐心與我討論如何改善或加強讀書方式，給予我不同階段的準備方向，引導我朝正確的方向前進。

「你的眼神有疑惑，不是對題目的疑惑，而是對你本身的一種疑惑。」在收到宗義這句話之前，我未曾意識到原來自己的心態才是真正需要克服的，自信心對於一個考生而言必然是不可或缺。一次次的模擬考，不免磨滅一位考生的信心，使我懷疑自己的實力究竟在哪？是宗義支持著我，相信我的實力，不斷提醒著我「主動迎接挑戰，不是隨遇而安」，讓我能夠在每一次模擬考後重整狀態，以穩固的心態，一步步戰勝會考這項挑戰。

宗義的每一句話、每一個故事，都默默地鼓勵著我堅持到最後。「心平常，自非凡」簡短一句話，是我最終能夠打勝仗的最大力量，使我在考試當天不再懷疑自己的實力，成功將自己的最佳狀態表現出來，順利考上第一志願。

仁愛國中➤北一女中　李同學

21 音符．旋律

從小處發亮，在大處閃耀

〈音符〉

你不知道音符需要多久，才會變成旋律。那是一個很長的淬鍊過程，即使一開始沒有最好的表現，但只要有最棒的學習態度，你就能在任何時候營造那個最好的環境；只要給出自己的全部，仍然能有屬於自己的韻味。只要在自己的位置上盡力做到最後，即使只是一個簡單的音符，也會因為那些點點滴滴的細節，而與眾不同。撿起每一個成長的環節，從小處發亮，才能在大處閃耀。

有次我的夥伴進入籃球比賽的決賽，我和同一期的夥伴相約去幫他加油。整場比賽他遭到對方派出防守大鎖盯防，瘋狂「打鐵」，出手二十次只命中五球，最後他們的隊伍敗下陣來。下場時他低著頭，我聽到他的教練鼓勵他：「你怎麼低著頭呢？有實力的球員是不會低著頭的，即使今天表現不好，他們也明白那只是比賽的一部分。」他不發一語的點點頭。

受訪時記者問我的夥伴：「對自己遭到對面球員重點照顧的看法？」他回答：「我覺得我打得不錯。」記者追問：「那你對你二十次出手只命中五球的想法是什麼呢？」他回：「比賽的時候我沒投進很多球，但是我仍舊持續調整我的狀態，除了投球，我也有積極防守、拚搶每一波的進攻籃板、在場下積極鼓勵我的隊友，整體而言，我覺得我今晚打得不錯。」

在一旁的我們為他的回覆，報以熱烈的掌聲。

「失敗者」跟「廢物」，在我心中有很大的差別。失敗者可以愛事物，因為他們有著一股腦的拚勁，即使沒辦法成為自己心目中理想的樣子，他們仍然可以被「尊稱」為失敗者。就像包含我在內，很多無名英雄一樣。

世界很大，如果你不想自己的聲音被名為世界的抬頭淹沒，就要更努力的讓自己的聲音被聽見，**「世界很大，但我們也可以很強大。」**

「不知道」是最不負責任的回答，有句老話說，你不會遇到你沒有辦法解決的問題，這世界就不存在懷才不遇的問題，因為積累的是解決問題的能力，一件事情失敗可以怪環境、怪政府、怪所有跟你有關的一切，但失敗的結果就是不會改變。

若能解決大問題，你就會有大張的支票；解決小問題，就能拿到小張支票；若不能解決問題，就沒有辦法拿到支票。

看見問題、解決問題，代表你活在當下，但那仍然不夠，創造問題、解決問題，才是創造當下，也才是一個領袖該有的思維。

公司的問題，是改善的機會；

客戶的問題，是服務的機會；

同事的問題，是提供支持跟建立合作的機會；

領導的問題，是獲得信任的機會；

競爭對手的問題，是成長的機會。

「會被嘲笑的夢想才有實踐的價值，做獅子的從不因狗叫而回頭。」

世界上充滿著無知又愛亂說話的人，他們只相信自己相信的，也不聽別人說，面對這種人最好的方式就是遠離他們；如果他們剛好是你親近或重視的人，你要想盡辦法讓他們知道你所知道的，倘若他們還是不聽、不相信的話，就選擇尊重他們、也祝福他們，相信生命自有安排，上帝會為他們的無知設立挑戰，讓他們成長。

「要想無心很容易，在乎才需要勇氣。」——電影《超脫》

而我們能做的，是持續關注自己的成長、持續行動，讓時間證明一切，終有一天這些問題都會被解決，就算還是沒辦法解決，也會因為你的持續成長，會強大到這些事無法影響你。

即使夥伴們還是一群蝦兵蟹將、即便仍然踉踉蹌蹌，也要堅持在自己的舞台上變得更強。

「儘管這個世界破洞百出，但真的不用擔心唷。每個破洞都會找到一個補洞的人。但是，如果我們輕易放棄自己該做的，世界同樣也會放棄我們。」——小米

學生悄悄話

宗義老師是在我國中人生迷茫時，偶然遇到的一位家教老師。

第一次上課時，他完全沒有一點點閒聊，快速地就把二次函數上了一大半，這樣高強度的上課模式，我很快就坐不住了，最後的一個小時簡直是度日如年。但在接下來的幾堂課，慢慢開始有一些人生道理的小故事，甚至會教我一些股票的走勢，而我也對這方面很感興趣，漸漸就對三個半小時的課程越來越適應。在國中會考前那段準備期間，宗義常常跟我說：「山上的風景是屬於山頂上的人。」這句話在那時點醒了我，讓我覺得自己不能是在半山腰就停下來的那個人，能爬上山頂才是贏家，也讓我有了讀書的動力。

高中的時候，宗義都會鼓勵我，讓我不只對數學這科有自信，原本要放棄英文的我，也開始勇於提問一些對別人來說相對簡單的單字和文法，在鞏固數學能幾乎滿分的同時，精進我的弱科。高中每次上課都會有專門的八點小故事（我家教時間都是晚上），讓我從散漫中回到最佳狀態，開始接下來的高強度讀書模式，宗義也讓我知道，既然會考考差了，那就用高中這三年來奮發圖強，追上當初贏我的那群人。

「設立目標」就是宗義帶給我最大的禮物。

龍門國中▼中和高中　李同學

22 學歷史

懂得體諒，溫柔的和這個世界相處

這是清末革命，一位英雄的故事，節錄自金哲毅老師臉書。

黃興，字克強，清末民初「著名的」革命家。

相信各位都知道，出現在百元鈔票上的孫中山先生（以下稱孫文）歷經十次革命失敗最終成功的故事，如果你對歷史課本還有點印象，孫文最先成立的革命團體是「興中會」，之後又籌組了「同盟會」。

既然叫「同盟會」，就表示這是眾多會黨組織的聯合團體，同盟會中主要有三個勢力，分別是興中會、華興會與光復會，興中會的會長就是孫文，而黃興則是華興會的會長。

當年同盟會成立時，為了方便內部選舉，選出七十二名會員代表，負責表決各項事務。孫文的興中會，連同孫文在內，在七十二名會員代表中能投票的只有三位；光復會有十多名代表；而黃興所在的華興會，掌握了五十名以上的代表人數，勢力最大。

同盟會成立的第一件大事，就是要先選出會長。從票數來看，真要選舉，想當然爾絕對是黃興能獲得壓倒性的優勢。

但就在大家要進行投票時，黃興突然跳出來說：「各位！如果沒意見的話，我推舉孫先生成為我們的領導！」說完還自己先拍起手來。老大都這麼表態了，華興會的人也只好拍手支持。

於是，孫文當上了同盟會會長。（在幾乎無人支持的情況下，是黃興的力挺，造就了孫文領袖的地位。）

選完會長，接著就是分配革命任務。孫文說：「我負責在國外鼓吹革命思想，讓海外同胞資助我們完成革命！」

這句話講白一點，就是在國外演講募款。以現代人的說法，就是孫文靠著嘴砲到各地撈錢。（孫文當年的「孫大炮」外號，就是指他這個人很會講、還很會吹噓。）

黃興說：「那我負責指揮國內革命事務，期待孫先生的資金。」

就這樣，黃興的烽火歲月開始了。在同盟會發動的八次革命中，黃興基本上都待在中國國內主持大局。這當中還「親自」參與了鎮南關起義、欽州起義、以及歷史課本提到的「三二九廣州黃花崗起義」。

黃花崗起義中，黃興親自率隊衝進廣州城，在一連串的奮戰中，一顆流彈正中黃興的右手，當場打掉他的食指以及中指。當時，眾多成員勸黃興離開戰場。

但是，黃興堅決繼續作戰！扣手槍板機的右手食指斷了，但是改用左手實在不習慣、無法瞄準，因此黃興繼續用右手無名指扣板機，直至起義失敗……

故事到這邊，我先停下來問幾個問題。

是在國外募款容易？還是在中國作戰容易？

是在國外募款安全？還是在中國作戰安全？

我不是說孫文他沒有貢獻，孫文靠著他的演講，真的撈進大把鈔票（真讓吾輩中人羨慕，想效法之），有錢才能買武器、有錢才好搞宣傳、有錢才能搞革命。這些不可抹除的巨大貢獻，在歷史上清楚的記載著。但相比黃興的出生入死，哪一個人的形象更為偉大呢？

中華民國臨時政府剛成立時，有人如此說：「論臨時總統人選，論才，當屬宋教仁。（說到這，我問學生說：這總知道是誰吧？學生笑著說：知道，因為他一登場就掛了）（注意，這是一個很重要的細節）論德，當屬汪精衛。（說到這，學生突然驚叫：他不是漢奸嗎？我說：嗯，課本有提到齁）（注意，這也是一個很重要的細節）論功，當屬黃興。（學生此時笑了：怎麼孫文一個都沒出現）（我也笑著說：對啊！怎麼都沒出現呢？）

所以誰最能當上臨時大總統？黃興。

此時，孫文還在國外（這老兄總是在國外）還沒趕回來，黃興已經趕回國內並且指揮軍隊作戰，當時各地革命人士要求盡早選出臨時總統主持大局，所有人一致推舉黃興。

「克強！就你了！你最有資格領導咱們！」

黃興說：「在孫先生回來前，我不會當大總統，我只支持一人當總統，孫文。」

孫文回來，孫文當上臨時大總統。

袁世凱出現，袁世凱當上正式大總統。袁世凱開始鎮壓國民黨。

面對這種局面，孫文發飆了，於是有了我們熟知的二次革命。

「各地國民黨軍隊立刻起來！發動二次革命！推翻袁世凱！」

黃興，他反對。

黃興如此說：「今天你不滿袁世凱，你可以推翻他，但應該用一種方式：『法律』。

今天你看袁世凱不爽，你用武力推翻他，明天別人看你不爽，一樣能用武力推翻你，如果不用法治的力量推翻袁世凱，那我們的共和還有什麼意義？如果今天我們用武力推翻袁世凱，那以後的人又會怎麼做？」

黃興的預言果然成真，民國五年至十七年，中國陷入軍閥混戰，不就是你用武力推翻我、我用武力反對你嗎？那是誰開的頭呢？

良師義有

「歷史和人性其實都比我們想像的更複雜，有些我們不知道如何批判的，其實就不用批判，純粹感受時代齒輪推演出的結果，有時比搶答更重要。」

每次有夥伴問我為什麼要讀歷史，我就會給他這一個故事，通常夥伴看完之後，想法跟程度都會有巨大的改變。「學習使人不惑」，這對探討歷史跟思考的過程，都是非常重要的。

越長大，越知道做事不容易，越知道每個人都有難處，也就越不敢隨隨便便瞧不起誰，以免不小心傷害了誰。這當然不是粉飾，更不是虛偽，而是懂得體諒，提醒自己溫柔的和這個世界相處。

去獨立思考、去感受時代英雄的成就、去緬懷曾經的犧牲造就的自由，是這個學習可以產生的很多好處。不只是歷史這個科目，每個科目、每件事情都可以引起夥伴的興趣。**「不好的產品靠推銷，好的產品靠行銷」，故事是、學科是、老師也是。**

學生悄悄話

國二時，成績一路從墊底爬到班排前五，甚至前二的我，本來對於課業這方面一直是非常非常有自信的，總認為讀書不過是如此簡單的事。然而到了國三第一次模模考時，卻被那大考題型電的慘不忍睹，當時的我看到成績單，陷入了深深的自我懷疑，好像不管做什麼都會覺得是錯的，我的父母也因此把我送進考前衝刺班。

當時進到班內，宗義老師稍微了解我的狀況後，就寫給我一封信。「天才」，他在信裡是這麼稱呼我的，並在信中叮囑我每個層次都要做到最好，不然我的光芒就會漸漸褪去。這段話對當時的我來說，一直沒有什麼深刻的體會。做事習慣隨便的我，也因而在高中階段吃了不少苦頭，拿了不少次班排墊底，甚至升學考也考得一蹋糊塗。

「時時警惕自己在最正確的點上」是當時老師的座右銘，而此刻的我深知自己早已偏離了正確道路，便找了宗義老師出來吃飯，而他總能精確點出我的問題點。或許是我眼中透露出許多迷惘，那頓飯局中，宗義老師藉由他豐富的人生經驗，慢慢引導我思考自己下一步該做什麼選擇。

經驗的傳承，如同火炬代代相傳，燃亮未來的路，而宗義老師已經將那火炬傳到我手裡，希望有朝一日，我也能親手將這火炬繼續向下傳遞。

金華國中▼大同高中▼台灣大學　卓同學

23 羹

做事要「到位」更要「到味」

「一個糟老頭子，扯著破鑼嗓子，唱了首老掉牙的故事，卻總是令人淚流滿面。」

每年教師節，我都會收到快過期的月餅（開玩笑的啦，都很新鮮），收到後我會放在夥伴都拿得到的地方，並跟大家說是哪位家長請大家一起吃，教室內的氣氛總是會變得更好。

有一年因為理想與現實發生衝突，我做了一些工作上的變動，但那一年仍然有許多學生和家長找到我，特別給了我月餅和肉乾，真的令我覺得很溫暖，不過相信許多老師跟我一樣，只要收到一句「教師節快樂」，就會開心一整天了。

教師節當天，有一個新進的女夥伴被恐龍家長欺負，整個下午不發一語。於是我特別拿了一個肥嘟嘟左衛門的元氣肉乾給她，她那準備辭職的臉，馬上轉變成委屈的小宮女，眼淚在眼眶裡打轉。

「老師當久了，鳥事會很多，會有期待的爭執，會有友好的誤會，還會有角色的衝突，但是也會有很多美好的回憶。（遞出肉乾）這是我從辦公室那群野狼的爭鬥中，專門為妳守護的肉乾（她打開後，一大盒只剩兩個，其他都被吃光）。」

她拿起其中一個，小小的吃了一口。

我接著說：「好吃吧！我就是為了那個味道當老師的。如果累了就休息一下，老師累倒，還有誰能教導學生呢？」她繼續低頭、默默不語。

「欸，那最後一個肉乾是我的，不要碰。」

這位夥伴兩年後出國追夢，寫給我很棒的回饋信，說能成為我的夥伴是他當老師生涯中最值得回憶的事情，能成為自己心目中的英雄，感覺是很棒的。

良師義有

「做羹講究火候。火候不到，眾口難調；火候過了，味道就焦。做事是這樣，做人也是這樣。」

做事除了「到位」，更要「到味」，也許我們不能寫自己人生的劇本，但每個人都可以是最佳男主角跟女主角。戲劇大師李國修說：「是誰像誰，誰演誰、誰都像誰。是我非我，我演我、我亦非我。」就我的經驗，做人要感性、做事要理性。

大概每兩個月，我就要去調解家長跟孩子的衝突，結束時我都會跟雙方說：**「『家』不是講道理的地方，道理講贏了，感情也碎了。」**

有一位學生想念「森林系」，但他的分數遠遠高於錄取分數，非常有機會可以上其他頂尖學校的「醫學系」，但是這位學生就想要念「森林系」。

我問他：「你的志願單怎麼不交來呢？」他就聳聳肩回答：「我媽媽就不簽名啊。」

於是我找了他媽媽來，請孩子當著母親的面，解釋他為什麼想要念森林系。過程異常激烈，說好媽媽不能講話，但卻屢次打斷孩子發言。例如：「媽媽從小帶你參加昆蟲營、自然體驗營，就是要栽培你念醫學系。」

老師淡淡地回了一句：「媽媽您做的這些事情，對孩子念森林系也有很大幫助。」

媽媽愣住，但仍不答應。

媽媽問：「森林系畢業，以後就業怎麼辦？」

孩子回：「可以做森林保育，可以考公務員呀。」

媽媽又問：「台灣沒有幾棵樹耶！」

孩子回：「但是地球有很多樹呀，也可以去其他國家的國家公園做些研究。」

媽媽陸續提出很多質疑，但孩子都應答得很好，也都想得很清楚。

於是媽媽使出大絕招，流著淚說：「你以後的房子一定很小，以後的車子一定很小，等你看到你的同學們都過得很好，你就會後悔了！」

現場氣氛頓時降到冰點，連我也被說服，低下頭來。

孩子回：「我的房子也許會比較小，但肯定是我自己蓋的；而我的車子肯定最大台，因為要載木頭。」語氣非常平穩，沒有挑釁的音調，單純是夢想的聲音。

媽媽含淚簽字，雖不滿意，但也只能接受。

現在這位夥伴已經畢業一段時間，並在森林相關領域工作，也結了婚，生活非常幸福。

什麼是悲劇？當拳王阿里的爸爸叫他去學唱歌，當麥可傑克森的爸爸叫他去學打拳擊，這就是悲劇。

人生的方向是要花時間找，不知道自己在做什麼的人多到數不清，如果你還沒有找到自己的目標跟方向，有兩個大家尋找時容易陷入的盲區一定要避免：**「有趣不等於興趣」**、**「追求別人的目標，只會到不屬於自己的終點」**。

我想跟所有「想把孩子照顧好」的家長溝通：**「在激勵中長大的孩子永遠充滿自信，在呵護中長大的孩子永遠不會獨立。」**天下從來沒有完美的事情，但是盡了力就是美。

給所有在自己角色上賣命演出的夥伴：「下一年，下下一年，也許我們都還沒辦法成為自己心目中理想的樣子，但也無須擔憂。只要每天認真書寫自己的故事，扮演好自己的角色，即便算不上偉大，但也足夠輝煌。」

學生悄悄話

「我不要聽你說，我要聽別人說你」，這是宗義最後告訴我的話。上高中的這兩年，我一直把這句話放在心中，因為這句話總是讓我覺得，我可以再做更多一點。

國中三年，遇見宗義可以說是重要的轉折。「隨時警惕自己在最正確的點上」是我對必勝班最深刻的印象，當時我國二，自己並不是一個資質優異的學生，但在宗義的指導下，我的成績有了很大的提升。國三每次模考後的檢討，對我來說都是很大的回饋，讓我能更確定自己的方向，所付出的努力也得到肯定，最後如願考上了不錯的學校。

如果說大考是一個戰場，那宗義絕對稱得上是如同孔明的軍師，他能夠穩住大家的心，並適時做出正確的調整；在枯燥乏味的時候，給予我們許多鼓勵；每天晚上的小故事，總能讓大家重振精神。不僅如此，每當疲累時，看到坐在講台前的宗義也低著頭，拿著筆與我們奮鬥，心裡頓時來了股幹勁，總覺得不能夠輸給他。

跟隨宗義的這兩年，我深受他「追求頂尖」的精神所影響。儘管考上了理想的學校，但不曾停下腳步，仍持續追求頂尖、完美，因為我相信我能夠爬得更高。

「看到頂峰的風景了嗎？很美吧！但不要沉迷於它，因為還有更高的山峰等著你征服，那頭的風景更值得你一睹！」

中正國中▼建國中學　林同學

24 塞翁失馬

再不好的事，也都會有美好的部分

高中、大學期間參加營隊、服務性社團，讓我在經營社團跟帶旅行團方面有很好的經驗，秉持著「不只留下回憶、更留下感動」的理念，打動很多顧客。旺季一個月光做旅行團，掛在我名下的團月淨利潤都能超過二十萬元，身為團隊的新夥伴，能夠做出這樣的成績，我覺得是很值得驕傲的事情，也贏得了很多掌聲。

一旦你走得快，就一定會有人想要拉住你，對你冷嘲熱諷，因為他們不允許自己變得比你差。

那時長灘島、泰國、新加玻的旅行團，算是經營得最有心得，也因為這樣，認識了跟旅行社接頭的一個大導遊，以下稱他「醒哥」（這人的感覺大概就是《天龍八部》喬峰那個樣子，豪邁、俠氣）。當時我才二十三歲，二十三歲的小夥子就是肝新鮮、熱忱比經驗多，能夠做出這樣的成績，醒哥特別找我喝酒慶祝，並交代我可以用他的名字訂房間、場地（用他名字從來都沒有「客滿」的問題，甚至還會突然被升級）。

我傻里傻氣的問了句：「那用醒哥的名字有什麼要注意的呢？」醒哥笑了，輕鬆地回：「不要丟我的臉就好。」我像是回應長官，認真的說了一句：「沒問題。」

於是在那一季的季末，我用醒哥的名字訂了夜店包廂，想給客戶更好的行程體驗。沒想到那一團竟然在出團前被強迫取消，由於團員有先付訂金，因此預定的客房住宿雖然賠錢，但都還在可控範圍，唯一的問題就是用醒哥訂的夜店包廂。為了不讓他丟臉，於是我買了機票，專程搭飛機過去，由於只為了這個夜店行程，所以我沒有安排其他活動，在飛機上只能辦公、讀書，到了當地也只能泡在飯店裡。

到了晚上，我一個人前往包廂，跟經理說明情況後，請他幫我開兩隻香檳王（一隻一萬元），由於我不希望醒哥的包廂是冷清的，於是請經理幫忙，他先是睜大眼睛看著我，然後神情淡定地說交給他，我只能坐在包廂後面擔心的看著。不過擔心是多餘的，那天晚上包廂非常熱鬧，有舞群、有客人，整個晚上都非常嗨，我大吐一口氣，雖然放鬆下來，卻有點落寞。

突然，醒哥出現，從後面拍了我（後來我才知道是經理打給他，醒哥立即從另一家很遠的夜店專程過來。）

醒哥：「嘿，小義你怎麼在這？」他語氣輕鬆，但音樂太吵了，我聽不出情緒。

我：「出團呀。」看到大哥我很開心，落寞的心情頓時愉悅許多。

醒哥：「阿你這團怎麼一個人都沒有？」他語帶調侃嘲諷，但沒有令人不悅。

我：「給人家放鳥了啦。」我苦笑。

醒哥：「阿你取消就好了啊。」他拍了拍我的背。

我：「怕給你丟臉阿。」講到最後有點小哽咽，感覺自己像個小宮女似的好委屈。

醒哥先是一愣，大笑幾聲後，接著對舞台上的舞群大吼：「好！今晚我真是有臉，全都下來陪我弟喝酒！」

那是我喝過最好喝的酒，也是我短暫旅行社生涯最棒的回憶。

良師義有

「即使只是單純的在自己崗位上努力，也一定在某人的故事裡是扮演壞人。不過不要緊，因為再不好的事，也都會有美好的部分。」

那天晚上還有一個小插曲，就是醒哥找了一個非常非常漂亮的小姐要陪我度過一晚，沒錯，就是你想的那些壞壞的事情，最高級的那種，還會講中英文。

有沒有進到小房間？有。

有沒有脫掉衣服？有。

但是我那時候有女朋友。

所以就在她準備對我做出「更進一步地攻擊」時，我跟她說了這些話：「我有一個很珍惜的人，我什麼事情都會跟她分享。今天晚上到目前為止，發生的一切都很美好，但是如果接下來發生一件，我沒辦法跟她分享的事情，今晚好像就會沒那麼好了。」

後來什麼事情都沒發生，而寫這個故事的當下，我也已經跟這個女朋友分手了，但我想這就是人生，我的選擇是把這一個晚上的美好變成一輩子的回憶。

回到公司後，我無意間發現，放我團的其中一位成員，竟然是副理的臉書好友，而這位副理因業績不好，開會被念了兩次，也被扣了薪水。發現這個關係後，比起憤怒，有更多的是驚訝，我沒有再多說跟爭論什麼，當天便提出辭呈。

事情的出發點跟結果似乎都不盡如人意，但是在我心裡，這個回憶一直都是很美好的，也是很值得的。

「你不可能有先見之明，只能有後見之明，因此，你必須相信，這些小事一定會和你的未來產生關聯。」——賈伯斯（Steve Jobs）

學生悄悄話

從鏡子裡看到自己身上的衣服
莫名覺得這一切發生得好快
昨日那個缺乏自信的自己
今日已經穿上了那件深綠色的制服
真的很感謝你
不到最後一刻
始終沒有改變你對我的期許
連我都懷疑自己了
你卻比任何人都肯定我
我也成功的走完了這三百天的旅程
完成了三百天前訂下的目標
在下一個階段

面臨的會是更大的挑戰吧
但我會記得我們必勝班的精神
#隨時警惕自己在最正確的點上
一日為必勝班的學生
永遠都會是必勝班的學生
謝謝你把我拖去跟你們一起前進
讓我能勇敢的走過這段辛苦的時光
非常幸運能在求學階段認識你

中正國中▼北一女中▼成功大學　林同學

25 重要寶藏

值得用一輩子去守護的
榮耀和回憶

有一位父親長年在外做自己熱衷的事物，在自己的領域非常赫赫有名，因此孩子的童年並沒有父親的陪伴，雖然如此，但孩子從沒有討厭父親，長大後反而踏上追尋父親的道路，希望能跟父親對等的談話，而這段對話就是發生在他終於找到父親，我很喜歡的一段對話。

子：「我可以問你一個問題嗎？」孩子開口。

父：「可以，但我說不定也答不出來。」坦率的回答，沒有矯情，但不隨便。

子：「你有沒有想要的東西？」

父：「嗯…應該是『現在不在眼前的東西』。」

孩子沒有回應，露出思考的神情。

父：「我一直都在追求當前我所需要的事物，發現到了最後，『原本想要的東西』都變成無所謂了。

那些透過網路認識，並在線下覺得彼此義氣相投的傢伙，全都比我年長，而且都是普通的上班族，或是研究生之類的自由人。我向他們公開自己的真正身分和計畫後，他們不僅幫助我解決所有雜事，甚至把自己僅有的生活費也捐給我。

最終我能實現願望，邁步踏入目的地，最讓我高興跟值得回憶的，並非是得償所願，而是回過頭能跟一起追求目標的夥伴，彼此相視、握手的那個瞬間。」

孩子沒有回應，但神情滿是敬佩。

父：「直到現在，他們都還在幫我做事情，跟這些人比起來，我一開始訂下的目標只不過是附帶的甜頭而已，最重要的事物，在我得到想要的東西以前就已經在我手上了。」

節錄自《獵人》

良師義有

「即使最後沒有成功，那種曾經給出自己的全部，純粹的有決心去嘗試，也是很令人吃驚的，至少在之後的自己眼裡是這樣。」

她，一位中等程度的同學，平常在新北市學校班排大概五到七，認真念書，但方法出了很大的問題，經常念書念到半夜，而且覺得讀書很痛苦，卻仍堅持繼續念的那一型；國三最後一年如果不做任何改善，大概落點會是在中和到明倫。因此這一整年，我幫她特別安排不人道的訓練，但她從沒吭過一聲。國三二模時，我跟她討論模考題本，發現她已經在正確的軌道上前進，雖然那時還是中等程度，但寫考卷的方式已經有很大的改善。

在成績還沒有很大幅度進步的狀況下，我給了她最好的稱讚，並告訴她這才是正確的方式，很棒的是她選擇了相信，並在最後一次模考時，學習狀況已經超過兩百天前我們預定的目標分數線，且摸到了第三志願。

這是她最後一次模考時，我寫給她媽媽的報告中，最後的結語：

二百天前，她就是鑽石，二百天後雖然什麼都沒有改變，但她現在發現，或許再給她六十天，她就能夠摸到第一志願的線。所有的夢想都是瘋狂的，直到我們實現它，但是不要鬆懈，舞台上不允許犯錯，失誤意味著失敗，希望她能定下心，把剩下的時間走完，把自己準備的東西寫上去，做一次不負自己的表演。停下腳步回過頭看一整年的時間，她才驚訝已經走了這麼遠。這段想變得更好、追求頂尖、能夠解決全部問題的人生歷練跟自信，我覺得才是她真正拿走的東西。當初送給她那句「妳也可以」，我希望她不只想起這句來自頂尖的邀請，更像是承諾。希望她也能帶著那份無形的精神旗幟，自詡那不是壓在身上的負擔，而是值得用一輩子去守護的榮耀和回憶。「一路奮戰，也許不能做到改變世界，但至少能做到不讓世界改變我們。」

考第一志願從來不是我的目標，那是孩子的目標。而事實的真相是，一直嘗試鼓勵夥伴，真正能被喚醒的夥伴，十次大概命中一次，外人可能會覺得成效很棒，但這不過是環境汰選後的結果罷了。

那個打從心底感謝的眼神，和那句輕聲「謝謝」，才是讓我滿血復活，好像還可以再多做那麼一些的動力。

最後這位夥伴選擇上成淵高中（那年算下來是第九志願），我請她不要單單是考進，而是在她的分數線去選擇她喜歡的學校，包括校風、校園環境、校服。

老實說，她的狀況我覺得有點可惜，也許是因為我只教她一年，又或者我在某些時候可以多出一點力……無奈故事的走向並沒有都如我所願。但這孩子從升高中的暑假開始，一樣繼續積極地維持讀書態度跟熱衷社團、競賽表現，我覺得那就是孩子能從老師身上拿走最棒的東西——「追求的態度」。

在她的畢業紀念冊，我寫下這樣的話：**「希望妳能活得有意思，而不單只是想要成功，即使最後世俗逼著妳朝那個方向奔跑，妳仍可以堅持追逐妳喜愛的事物。祝福**

妳。」有機會能夠做為夥伴的引導者，就不要吝嗇成為夥伴們生命中的貴人。

If you want to see a miracle , be a miracle.

學生悄悄話

「隨時警惕自己在最正確的點上」，這大概是我八、九年級跟著老師衝刺會考的那段時間，最常聽到也最記得的話了。

當時的我對人生第一次的大考毫無頭緒，抓不到要好好讀書的感覺，不自律、沒有危機感，長期累積下來會習慣性拖延和逃避不會的題目……種種問題致使我相較於其他人，複習進度來得更慢。我知道自己必須念書，但就是不知從何下手。看到同學們進步飛快，讓我讀得更慌，也更加手足無措。

轉機大概就是老師給我讀書方向和方法的時候吧！

那時我太過心急，看到成績好的同學就想趕快趕上他們的腳步，仿照著他們學習的步調，但那並不是適合我的。老師幫助我的就是訂好目標和計畫，在我疲倦的時候講小故事，讓我重新拾起繼續奮鬥的心，確保我有維持在我該達到的位置，老師親身經歷的故事也讓我對未來充滿憧憬。

從老師身上我學到了很多，比以前自律，也不再害怕去請教不會的問題。看到比我優秀的同學，我也不會執意要照著他們的念書方法，依照自己的能力做事，才是正確的。

金華國中▼和平高中　姜同學

26 孝順

順服，才會蒙福

家庭幸福美好、一家人和樂所產生的力量很大，這也是我們努力追求的目標。不過我很清楚，並非每一個爸爸媽媽都這麼明理，所以在親子溝通上有時非常困難。我常思考，身為孩子的我們，可以為此做點什麼呢？

曾經有一個孩子在生日時，送給他媽媽一張卡片，跟媽媽說以後他可以幫忙做家事，只是每件家事都有標價，例如洗衣服五十元、洗碗二十元這樣，媽媽看到之後不發一語，回了信給那位孩子：媽媽生你免費、照顧你免費……

在功利社會主義下，這很正常，但在家庭角度看就非常不正常，家長不求回報的付出，有時換來的卻是孩子不知感恩的厭煩。

「有能力的人，都是跟外人大聲，保護家裡人；沒有能力的人才只會和家裡人大小聲。」做為父母永遠的孩子的我們，更應該如此。

事情發生在我公司剛草創時。

有一次我奶奶的生日聚會（因為爺爺走得早，每到重要節日，我們家都會派代表，大概兩個禮拜，最慢一個月，一起到奶奶家聚一下），提前一個月先約，就是希望大家都能把事情排開，所有人都能到，因此當我爸跟我提的時候，我也是一口答應。

但是越接近聚會這天，我卻越來越忙碌。奶奶生日當天，我爸還特別打一通電話給我，請我準時出席，而我也回說沒問題。但是到了晚上，公司仍有事情沒有處理好，同仁也都為此加班趕工，此時要我自己離開去放鬆，我覺得太罪惡，於是我想說可以遲一點再去，時間就在我忙著處理公務中過去。最後我並沒有出席，只有打電話跟奶奶祝壽。

那天我在公司睡了一晚，想說事情都在軌道上，可以不用擔心，隔天可以繼續上班。接近中午時，我爸來了公司，看到他進門，我就走過去，當我走到靠近他時，他突如其來一巴掌打過來，力道之大，讓我的鼻血直接噴了出來。

我馬上跪在地上，不敢抬頭看他。

他沒有出聲，通常他很生氣的時候是不說話的。

大概過了五分鐘，他不發一語的走了，而我仍跪在那。

我的夥伴見狀，趕緊把我拉起來，遞給我衛生紙。把自己整理一下後，隨即請了假，買了蛋糕去陪奶奶一整個下午。

現在想起來，當下其實是有點難堪跟丟臉，但那件事情之後，我的夥伴對我的敬重並沒有減少。

「孝」的定義每個人都不一樣，但「順」的作為是非常清楚的。

我的媽媽是一個奇蹟。

一個靠自己成功的創業家，年賺超過三百萬不是奇蹟；但一個單親媽媽要兼做三份工，還要抽空陪孩子打籃球，那就是奇蹟。

事情發生在我剛升上所屬競賽團隊副領隊時，這是我人生幾個最帥氣的時刻，當時的我最需要「面子」。一次帶隊比賽時，大隊人馬下了公車後沿著馬路行走，我突然看到一個熟悉的身影在發傳單，那是我媽媽。媽媽看到我也很驚訝，也許是怕給我丟臉，她轉身準備馬上離開，但我直接出聲喊住她。她的表情比剛看到我時更為驚恐，我上前問了她要在這邊發的傳單量，轉頭就跟領隊說我要幫媽媽發完，之後再過去跟大家集合，他表示沒問題，於是我放下背包、脫下隊伍的外套，立馬上工。

對，確實有新進的夥伴在隊伍中嘲笑我。

對，也有人指著我媽比手畫腳。

但，我那天守護自己家人，心裡非常踏實，甚至有點驕傲。

回到家後，我問媽媽下禮拜是否會在同一地點宣傳，她說會。隔天我再跟領隊確認下次是否還能協助媽媽時，領隊一樣說沒問題。

一個禮拜後，我跟團隊再次經過那個位置並看到我媽，她大老遠就看到我，興奮地揮手示意，而我也高興地向她招手。我朝著媽媽走過去，當我把背包放下來時，發現我的夥伴們也都把背包放了下來，所有成員跟著我一起上工發傳單。

一年後，在夥伴的心得分享中，有好幾個夥伴都提到這個回憶，他們表示：「陳副絕對不會丟下我們不管，只要想辦法跟著隊伍就可以了。」

良師義有 「順服，才會蒙福。」

學生悄悄話

一開始在補習班，以為宗義是和其他一般老師差不多的人，但是很快我就發現他是一位很特別的老師，是真正做到所謂亦師亦友，感覺和你之間不會有什麼隔閡的人。

跟著宗義的這段時光對我來說真的影響很多，除了宗義獨到的解題觀點以外，我認為更重要的是他傳授給我們的想法。還記得他都會在黑板上寫一些人生哲理，我也真的都很期待每一次他幫我們準備了什麼道理，對那個年紀的我來說，有些話甚至是支撐我過來的雞湯。

我覺得宗義是一位很知道在什麼時候該做什麼的人，而且也是一位很有渲染力的人，在該讀書的時候認真讀書，有他在的時候的那個氛圍，真的是讓人有種「我也應該認真讀書」的認知；而在該玩的時候，宗義也會很瘋的帶我們玩，帶我們去打球，聖誕節讓我們準備交換禮物等，各方面都讓我認為，宗義是真正一位用心的老師，跟很重要的朋友。

謝謝。

景美國中▼師大附中　張同學

規則27

理想很豐滿，但現實很骨感

這一篇要討論的事情有兩個，一個是選舉，一個是選擇。

要選上一個城市的市長，條件是什麼？必須是第一志願畢業？必須要長得很帥、長得很漂亮？還是必須有領袖魅力？都不是，需要的是拿到相對多數的選票。大到選總統，小到選團隊幹部都像在打一場仗，這類準備的心態也可以用在面試工作、大學、招攬新夥伴等。

「政治是達成行政的手段。」不是要請夥伴去討好任何人，是在提醒夥伴不要製造無畏的敵人，「合」這個字本身就已經很難寫，追求目標也已經非常困難，再有內部的混亂更是吃不消。

良師義有

「從來都不是成為領袖之後，就能贏得所有人的認同跟認可；是具有大部分人認同跟認可的人，才能成為領袖。」

不管玩什麼遊戲，第一件事情就是要弄懂這個遊戲的規則，但是很多人在還沒弄懂規則前就急著投入做事情，好一點的話，頂多學個失敗的經驗；差一點的話，就會像是沒有考到駕照就急著開車上路，危險隨之而來。

而評審這個職稱的意義，就是要在有限的名額跟既定的規則下看到「較耀眼的光」，評審從來不會自找麻煩，他們需要的只是證據，找到「這人值得這個獎」的關鍵。在遴選的過程中，評審確實是主觀的，但老實說，就「選擇」這件事情來說，從頭到尾就只有結果是客觀的。

在我的職涯中，多次有幸能擔任評審。在我的想法裡，只要選手或面試者出席，這個經驗對他來說就已經非常「值得」，但若是要通過一個遴選過程，那你就得讓坐在下面的評審覺得「你值得」。

之前有一個歌唱藝人，非常有實力，但是他第一張專輯曲風跟當時的市場不合，雖然有一批死忠的歌迷很支持，但卻沒辦法拓展歌迷圈，對一個新人來說，這就是失敗。對此，唱片公司把話講得非常清楚，但是這個歌手並沒有聽進去。後來這位歌手沒有成功紅起來，只能到對岸發展。決定不簽約的記者會上，唱片公司老闆一句：「硬要市場接受你的口味是不對的。」令我印象深刻。

良師義有

「佛陀法力無邊，也是『佛度有緣人』；連耶穌都有人不喜歡，對於別人的批評，你又何必浪費時間解釋。站在終點回頭看，我最惋惜的是：『花太多時間去討好永遠不可能喜歡自己的人，花太少時間去陪伴跟感謝一直信任自己的人。』」

我一直都很鼓勵學生跟夥伴在自己的領域爭取「職位」，不單只是因為純粹的榮華富貴或權力，有時是為了實現理想，很多時候必須要到那個位置才有那個權力。

如果你有能力去爭取位置，卻把決策權讓出來，讓你的夥伴坐領導位，你一定要確認你跟他的溝通沒有障礙，不然就會有很大的問題。

大學時我曾經辦過一個大活動，要票選負責人時，在我還沒投票的情況下是同票，而我最後把票投給了競爭對手，我的夥伴非常不解，在開票當場質問我的決定，我那時的回應是：「我做什麼位置其實差不多，我都會很認真幫助這個活動，而他有這個熱情，也許他在這個位置上更有活力。」

理想很豐滿，但現實很骨感。如果那個事情是不對的，但是他卻去做呢？如果那個事情是對的，但是他不去做呢？這就是規則。怎麼選上是規則，選上之後才能夠做的事情也是規則。

交出位置雖然不代表失去開口的權力，但就會失去決策權。所以我在後來自己的職涯，或是夥伴有機會選會長、團長這些有決策權的職務時，都會鼓勵他們盡量往更高的職位爭取跟學習。「溫良恭儉讓」的確是儒家提倡待人接物的準則，但孔子也說「當仁不讓」，我們爭取高位是為了實踐理想，是要去犧牲奉獻，選上之後事情才要開始，反倒是沒有擔任幹部時才能鬆一口氣。

聰明如三十二歲的潤之先生也曾感慨地說：「悵寥廓，問蒼茫大地，誰主沉浮？」我原本以為這些我能夠寫下的軌跡跟故事，都是「選擇題」，但事實上卻如「滾滾紅塵、奔流不息。」

學生悄悄話

第一次見面是升上國三的暑假。

必勝班裡面，你在台上誇下海口，照著你說的去做，把心態調整好，「時時刻刻警惕自己在最正確的點上」。

我那時候只覺得那句就是口號而已，從來沒有想過遇到執行力那麼好的老師，而我在此之前也從來沒有想過自己能考上重點高中，這一切都是態度。

每個老師都有能力上台教書，但不是每個老師都願意花時間去認識、理解、甚至是陪伴學生。每當我遇到困難或挫折時，您總是毫不猶豫地給予我幫助和支持。國中到高中，除了耐心解答我的問題，鼓勵我克服困難，也讓我始終相信，全力以赴時，nothing is impossible。

最後，我也要感謝您教會我做一個負責任的人。您經常強調道德價值觀和人格的培養，並提醒著我們有很多比成績更重要的事情。我或許沒有考上醫學系，也沒有考上台大，但我覺得更重要的是，我成為了一個更好的人。

希望透過這段文字，將我對您的感謝以及這份心意，分享給更多的人。

中平國中▼松山高中▼台北教育大學　張同學

28 耐心

巴菲特的智慧

有一次巴菲特在演講時，這樣回答提問者。

提問者：「如何做好正確的投資，並了解全部的產業？」

巴菲特：「我第一次見到比爾蓋茲是在一九九一年七月十五日，當時我們在西雅圖，比爾蓋茲建議我說：『你該給自己買一台電腦。』我回問他：『為什麼？』他的回答是：『你可以用電腦計算所得稅。』我跟他說：『我沒有任何收入（股票淨值收入已扣除所得稅，不能算是收入）。』他說：『那麼，也可以用來管理你的股票組合。』我說：『我只有一隻股票。』確實如此，我是說真的。比爾又說：『電腦將會改變一切！』我說：『那麼，電腦會改變人們嚼口香糖的習慣嗎？』他想一想說：『大概不會吧。』我又問：『那電腦會改變人們吃什麼樣的口香糖嗎？』他說：『也不會吧。』我說：『那我繼續嚼我的口香糖，而你繼續做你的電腦吧。』

我不需要了解所有的產業，世界上我不了解的產業太多了，但賺錢的機會有成千上萬個，我了解美國銀行的運作，這是我精通且擅長的，我知道自己的勝算有多少。泰爾．威廉斯（美國大聯盟球員）寫了一本書叫做《擊球的科學》，在那本書中有一張教人揮棒的圖表，他將打擊區劃分成77個方塊，每塊約為一個棒球的大小，他說如果打者只在球飛進理想區域時才揮棒，那麼平均擊球率可達零點四（這是非常離譜的高），如果球落在角落時也揮棒，即使球還是在好球帶，打者的平均擊球率就會降低到零點二三（非常一般），泰德說打擊最關鍵的就是『等待好打的球』！但如果賽況處於劣勢，比如說一好兩壞，或是兩好兩壞的情況時，即便球落在打擊率只有零點二三的區域，打者也必須揮棒，否則就會被三振出局。

但是在投資領域裡沒有所謂的三振出局。

人們可以把『微軟』的機會球丟向我，或是任何一支股票丟向我，但我可以選擇不揮棒。不會有人對著我喊三振出局，只有在我揮棒，但未擊中球的情況下我才會出局。因此我可以先觀察上千家公司的運作情況，直到看到我了解的公司或產業價格，也合乎我的判斷時，我才出手。而當我揮棒時，如果擊中了那很好，如果沒擊中，也就作罷。比起棒球，投資市場是極為友善的遊戲，而最嚴重的錯誤在於你認為自己必須了解所有的產業。

其實你只需要了解其中幾個就好。

我經常這樣告訴學生，當他們畢業時，會得到一張卡片，上面會有二十個孔，這些孔代表著他們一生將會做出的投資決定，他們一定會變得非常富有，因為他們將慎重考慮每一個決定。而且你不需要二十個正確的決定才能致富，也許四個或五個就非常足夠了。因此，我從來都不擔心自己不了解的事物，如果你了解一些即將崛起的產業，並且眼光獨到，比如說你看中亞馬遜公司，傑夫．貝佐斯成就了非常偉大的事業，我對此十分佩服，他是偉大的生意人，人也很好，但我是不是就能早早預料到成功的就一定是貝佐斯，而不是其他的人或公司呢？我做不到。

但是我也不需要做到這一點。

我不用強迫自己弄懂亞馬遜的業務，但我就很了解美國銀行的運作，我也對可口可樂相當了解，我可以簡單說出：『可口可樂公司在一八八六年就創立，每天可以賣出十八億罐可樂，如果一瓶可樂賣一美分，那就是一天一千八百萬美元，一年就是六十五點七億美元』，所以你認為可口可樂會比其他牌的可樂更賺錢嗎？我想是的。而且我還可以回顧它一百二十七年的歷史紀錄，來證明這一點。

這些是我喜歡做的投資決定，可能你所了解的產業和我所了解的大相逕庭，你可能比我更了解近幾年新興的產業，這就足以讓你變得非常富有。

「你不需每次都『揮棒』，耐心等待那個好打的球。」——華倫．巴菲特

有些同學會透過大量練習來學習，而在獲得這些經驗之後，他們有時會變成「懶得看題目」，然後就造成粗心錯、想不到、沒看到而失分。我會跟他講這個巴菲特的想法，考試也類似投資，同學要做的是耐心看完「能看到的東西」，再選答案。也許能答對、也許不能，但那都是很好的經驗，這樣的經驗累積加上時間的魔法，漸漸的，同學就能打到全部的球，而且能把這些球擊得老遠。

「I am a slow walker, but I never walk backwards. 我走得慢，但我從不後退。」——亞伯拉罕．林肯

學生悄悄話

15歲那年，面對人生第一次大考的我，徬徨且不知所措，懵懵懂懂的被推入補習班，被動的訂下遙遠的目標，天真的以為照著這樣做就會有一番成就。但現實毫不留情的打了我好幾巴掌，挫折讓我心中若有若無的豪情壯志，很快消弱到只剩絕望。

對於我來說，宗義與其說是老師，更像是個朋友，願意傾聽煩惱、願意解決並幫助我度過困難，不僅關注我在學業上的進步，還關心我的個人成長和發展，耐心地聆聽我的困惑和煩惱，給予我建議和支持。雖然最後會考沒有考好，但我從中學到，就算失敗了也無妨，畢竟這只是暫時的結果，往後還有機會逆轉，繼續努力就好。

這是宗義的教導，我覺得受益匪淺。

明德國中▼延平高中▼國立陽明交通大學　張同學

29 家務事

我走得慢但不後退，
最溫暖的關係叫設身處地

那是一個禮拜四晚上，我人在外面吃飯，突然來了一通電話，打電話來的是我一位學生的媽媽，她說孩子吵著要離家出走，請我跟孩子溝通一下。我說：「沒問題，但是先讓我了解一下這件事情。」

整件事情的導火線是成績，那位孩子念北市明星高中，國中成績都是班排第一，高中考了三次段考，成績都是班排第五名，其實這個成績在那所高中已經很棒了，但拿到成績單之後，他爸爸就說（媽媽轉述）：「如果你下次沒有進步到前三名，就會停掉手機網路、零用錢、還會有門禁。」所以孩子非常激烈的反彈。

這孩子在我的班裡跟我一起努力半年，是很認真的夥伴，也對我有一些認同，他大概一百七十公分，個性很開朗，對自己非常負責。

學生的媽媽試圖要將電話拿給他，我隱約聽到以下的內容：

媽媽：「開門開門，老師要跟你講電話。」語氣很平緩。

孩子：「不要找老師來騙我啦！你們每次都這樣，這次我一定要離家出走！」

這時候我跟媽媽說：「幫我告訴他，跟老師講完話就可以離家出走了。」

於是孩子才肯接電話。

我：「老師不是教過你要控制情緒，你怎麼會讓自己腦充血呢？」我的語氣帶有責備，和看到重複錯誤的不耐煩。

孩子：「可是我爸……（簡單講就是哭訴）」

他哭得非常傷心，一邊啜泣、一邊跟我講話，非常委屈。

那是一個大男生，一個很帥的大男生。

我：「那這樣好了。你能否給老師一個機會，我明天跟爸爸溝通看看，我溝通完你再離家出走，我會幫你規畫。」

孩子：「老師，那你真的要幫我規畫，因為我爸爸是講不通的，他是不可能改變的。」語氣非常堅定，我想這事情肯定發生過無數次。

我：「沒關係啦，總得給我個機會。但如果可以，幫我先跟爸爸道歉，先不講對錯，為你的情緒道歉就好。」**道歉有時不是認錯，是在告訴對方，比起對錯，我更珍惜這份感情。**

孩子考慮一下說：「老師，我做不太到。」這時候的語氣已經很平緩，也許他還沒辦法道歉，但是我從他的語氣已經明白，在他內心深處已經認同「這樣的情緒是不對的」，這樣就已經達成階段任務。

我：「沒關係，那交給老師，好好休息，去寫功課。」最後一句除了讓他穩定，也是我純粹的提醒跟交代。在我以前的認知，專業的要求不存在感情，我聽到這整件事情，第一個想法是：「你吵了架，那你該做的事情有做嗎？」學習本身就有難度跟壓力，現在還有其他混亂事情干擾，作為他的老師，我直接的想法是「我要把他教好」，這份工作的困難度大大增加。

隔天，我跟學生的爸爸聊了將近兩個小時，講到他爸爸也掉眼淚。沒有一位爸爸希望自己的孩子失敗，從跟他的談話過程中我能得知，他非常用心，但是我跟他講了半天，他就是不太能接受，最後我直接講：「好吧，爸爸，我只能說如果我是你兒子，我也會離家出走。」爸爸：「老師你怎麼能這樣說。」

我詳細的跟他解釋，明星高中的學生都是贏過百分之九十五的學生，也就是一百名的前五名，他班上四十個學生，甚至一個人就能代表一個國中，單看樣本數四千人，他班排第五名，也就是說他一次考試大概就贏過三千多人，這真的已經很厲害了！不是說追求進步跟頂尖不對，但孩子的態度更為重要，而這個孩子，真的已經會為自己負責了。聽完後，爸爸的態度有點軟化。

隔天孩子準時進班，我沒有馬上跟他提到這件事情，而是像平常一樣檢查他的作業，一直到隔了兩三週，到段考前我才私下跟他再次提到這件事情，我只問了一句：「跟爸爸的相處還好嗎？」他說：「還好。」我說：「你爸爸非常關心你。」他說：「我知道。」

那次段考，我特別給他做額外訓練，希望能幫他多贏一些領先，他一聲沒吭。但是那次考試他只考了第七名，因為他擅長的數學科剛好考比較簡單，即便他滿分，大家的分數也都很高，他的領先優勢沒辦法補足他相對落後科目的失分，我想了一整個下午，要怎麼跟爸爸溝通這件事情。

於是我非常忐忑的打電話過去「報告」這次考試的狀況，當我跟爸爸提到他這次名次退步時，他爸爸說：「老師您希望我跟他說什麼？」沒有生氣，語氣很平穩。（就我的經驗，這樣平靜表示他是生氣的，只是他強壓自己的情緒跟我對話。）

我：「幫我跟他說，爸爸這次有看到你很認真，爸爸以你為榮。」我有點拜託的語氣，還夾雜著深怕被拒絕的擔心。

爸爸：「太噁心我講不出來。」沒有笑，還是很平靜。

我馬上回：「可以用寫的！」其實我很驚訝他沒有拒絕。

爸爸：「……好。」他的語氣有一點無奈。

我：「爸爸，但是您不能偷寫其他東西哦，拜託！」我的語氣倒有點像是業務在拜託客人再買其他產品。

爸爸：「好。」他笑出聲，但一樣沒有拒絕。

孩子隔天跑來找我，劈頭就問：「你跟我爸講什麼？」

我愣了一下（我沒有反問他爸寫了什麼，甚至直到今天我也不知道他爸爸當天有沒有寫），原本想要跟他說昨天與爸爸談話的內容，還有我內心的那些起伏，但是我把話吞回，只說：「那是家務事，做好你自己該做的事情。」

第三次段考，考得很難，班上同學大多數都不及格，而在他「主動」要求額外訓練的情況下，他依然考了滿分，所以他是第二名。

上課時我有公開稱讚他，但我私下卻把他罵爆，因為他那天竟然拿成績來嗆同學，自以為是、很了不起的樣子，讓我覺得他看起來非常業餘，他有抱怨是因為同學在他考差時也會一直「嘴砲」，但是我回：「所以呢？你不能展現一點格局跟態度，像個冠軍或領袖一樣嗎？」有多的期待，就會有多的要求，這是一定的。

我懲罰他，在考完試之後必須一樣來我的教室念書。他爸爸特別準備咖啡來找我，問我跟他孩子講了什麼，讓他在考第二名之後還能這麼自我約束，這麼不驕傲。

我停頓了一下說：「這是家務事。您的孩子一直都這麼優秀。」沒有討好，這次我的語氣很平穩，因為我一直都這麼認為。

有一些夥伴會跟我說：「我爸媽會偷看我的東西。」

我問他：「你怎麼知道？」

他說：「我有做一些機關，我爸媽都以為我沒有發現。」

信任這種東西，只要一旦失去，要再贏回就需要非常大的時間。很多家長反應過類似的事情「孩子難得在讀書，拿水果進去給孩子吃，結果被孩子懷疑是在監視他有沒有認真念書」，這絕不是單一事件造成，有可能是同儕有發生過類似的事情，或是某個他曾被傷害但已被遺忘的瞬間，或是孩子自己心虛，都有可能。不管什麼原因，這正是那個最需要花時間跟心力去修補、修正的狀況。

最有效的教育是陪伴，最有效的教法是身教，花心力的禮物只有短時間的效果，不經意的習慣養成，才能潛移默化塑造孩子的人格。

良師義有

「造成壓力的從來都不是關心，而是關心的方式，最溫暖的關係叫做設身處地。」

學生悄悄話

「一切都是上天最好的安排」，我並不是當時宗義帶領的必勝班中戰勝會考考上理想學校的一員，當我對全世界感到愧疚時，是因為宗義的這句話，讓我坦然接受我能就讀的高中，並享受它，即使他早早就在一次談話中提醒我別再逃避問題，可當時的我並沒有聽進去、聽明白。

直到學測備戰中再次跨不過去進步的坎，才恍然大悟並正視那些我從不曾認真訂正錯誤的問題，回頭看當年的我是如此的不懂，我開始有自己的理想，不再為任何人努力，面對所有的不解，一次次追問究柢。終於，那句提醒後便放手讓我去闖的告誡在學測中發酵，我成功上了自己高一看準的岸。

「你沒有得到你想要的，代表你將得到更好的」這是我在經歷一年半內耗後分手的感情低潮時宗義告訴我的，他告訴我別那麼卑微，我是很棒的，而這又再次點醒了我的盲點。

對我來說，宗義不只是國中補習班老師，更是人生的導師，成功時他不一定在，但挫折時他從不缺席，他教我們接受，也教我們站起來、戰下去的勇氣。貼切的來說，宗義就像是青春成長路上，一位推心置腹的好朋友吧。

金華國中▼永春高中　許同學

30 知識 vs 智慧

淺閱讀靠近知識，
深閱讀才能靠近智慧

請判斷下列引號中兩個字詞的解釋是否相同：題目：才疏學「淺」，「淺」顯易懂。（答案在下頁第五行）

如果孩子在課堂上問了這題，要解釋到孩子能聽得懂，我會分成幾個階段：

階段一：純粹解釋字詞，前者為「程度低」、後者為「易了解」，到這邊大致上會有百分之五十的同學可以接受。

階段二：解釋整個語句，前者為「才學程度低」、後者為「問題易了解」，到這邊大概會有百分之七十的同學接受。若還是不能接受，可能是學生的字詞觀念太模糊，講白一點就是書看太少，但是這類型的學生花一兩個禮拜狂讀國文也沒用，要花一、兩年的時間去寫閱讀測驗、認真上「好的老師」的國文課（我清楚有一些國文老師上課只會念註釋），才會進到文章中，所以閱讀習慣最好是從小培養。

階段三：解釋整個語句，並利用名詞、動詞套用到選項中，把孩子「拉」出自己的思考，讓孩子思考我的解釋：前者為「人的才學程度低」，後者為「事物簡單易了解」。

分析結束，兩個字詞的解釋是不一樣的。

這邊要認真探討兩個東西，一個是學習上的「誤字」，這個狀況非常容易發生在初學者、或是學習梯度太陡的學生身上。回想一下，你是否曾經讀書讀到突然忘記前一頁讀過的內容，或是突然非常的累，那就是很明確的「誤字」現象；第二個是因為「誤字」產生的不耐煩，而不耐煩產生的情緒反應、爭執，這些混亂都會不斷影響到後面的學習。

「會學習」是比較有優勢的。學習之後，高度不同，看到的東西就會不同。

小時候看《西遊記》，看文字描寫的打鬥場景和情緒起伏就看得津津有味，但是成長之後，看《西遊記》反而是看到一個修佛的過程。孫悟空翻一個筋斗是十萬八千里，而唐僧取經也是十萬八千里，在我看來，孫悟空是唐僧的意念，不受約束的心靈，就像如果說「萬里長城」，你馬上就能在腦海中浮出某個長城畫面一樣；鐵扇公主從嘴巴拿出芭蕉扇，芭蕉扇往右邊搧是颳大風，往左搧是起大火，原因是嘴巴最容易搧風點火，而擊敗鐵扇公主，表示唐僧自己克服了這個心魔。諸如此類的理解，是在格局成長之後才能看到。

「引導」比「領導」更有價值。

我都會鼓勵夥伴不要單純只是陳述某個事情，唯有說出那件事情的感動與沉澱之後的結論，才能夠真正啟發其餘夥伴，去做一樣的追求或是付出一樣的熱忱。

愛因斯坦曾說：「教育就是忘記在學校所學的一切之後剩下的東西。」我以前對這句話的理解是：「學校教的基本上都用不到」，但我現在認為，愛因斯坦的意思是：「在學校學到的知識有限，總會不夠用的。」人學到的（已知）東西越多，他沒學到的（未知）就更多，那當你處於某種需求，需要學習新的、從未接觸過的知識時，就需要一個可以掌握這個知識的「認知水平」，或是「理解能力」。

換句話說，在學校所學的，是學習的「內容」，而逐漸掌握這些學習內容的過程，就是學習能力的習得，也就是「剩下的東西」，也許是一份追求、也許是一個態度、也許是一份熱忱，也或許，只是一份傻勁。

良師義有

「淺閱讀只能靠近知識，深閱讀才能靠近智慧。」

學生悄悄話

「時間永遠都是夠的，只要我們正確的使用它」這是宗義老師讓我持續前進的動力。因著強大的緣分，幸運的能夠認識宗義老師。還記得剛開始上老師的家教課時，一直很害怕，覺得老師很兇，上課過程很嚴肅、節奏也很快，除了課堂中老師分享小故事的時間外，其他時刻都是繃緊神經，深怕自己一恍神或腦筋動不夠快，會跟不上進度。

經過一年多下來的相處，我發覺老師是一位非常有耐心的人。每當我差點被分數擊倒時，老師都會透過一些影片及文字來增強我的信心，有時候看完的當下可能沒有特別大的感觸，但有時回頭想那些文字所代表的意義，的確能在遭受挫折時讓我重拾信心。

我覺得宗義老師帶給我的，不僅是數學上的知識，明顯感覺到自己在經過老師的訓練後，邏輯思維變快了許多；還有讀書上的一些方法建議、心態的調整，更多的是開闊的人生態度，以及如何面對一次次挫敗與接下來的挑戰。

永和國中▼中和高中　程同學

效率 31

在「量」的面前，
所有「虛名」都將俯首稱臣

大學的時候，我花了一些時間學習「銷售」，那時啥都不懂，只要有人推薦課程我就去參加，雖然被騙了很多錢，但也學到很多東西。其中一個令我印象深刻的事情，是有一位講師要我們去累積被拒絕的次數，那位講師的意思是，當你不斷累積「被拒絕」的次數，你的「成交」次數也一定會跟著上升。現在看起來覺得是廢話，但那時笨笨的我，聽了覺得很有道理，就認真的去執行。

於是我去了某家慈善機構，跟對方表明來意後，他們同意我可以協助撥打募款電話，讓我有三天的練習機會。

第一天，我拿到一本電話簿，他們要我開始打電話，若對方願意捐款，只要達到捐款標準，就會頒發感謝狀，而我只需要往上報告就可以了。

雖然在打電話之前，穿西裝的主任就已經幫我打了多次預防針，提醒我會一直被拒絕跟掛電話。一開始，我的想法是：「我希望每個人都可以讓我講完，至少考慮一下。」但開始打電話之後，被掛電話的狀況不用多提，還會有那種語帶羞辱的說：「好手好腳來打這個詐騙電話！」有的甚至直接「問候」我全家人身體健康，跟「祝福」我交通安全。所幸當天有打到一通願意捐款的電話，算是不小的慰藉。

下班後我馬上打電話給我的銷售老師，跟他說：「我不想去了。」老師非常有智慧，他說如果我願意明天再去，他就給我一千元，但必須打完兩百通電話，此外，他特別提到在第二天打電話時，只需要「打完」電話即可，不用在意有沒有人願意捐款。

第二天去，明顯感覺不同。

因為有昨日一百通電話的練習，口條明顯比較順暢，沒想到我只是機械化的把事情做完，結果也有一個人願意捐款，但是心情輕鬆許多，有時還會「回復別人的祝福」。

但是第二天結束時，我還是馬上跟銷售老師說我不想去了。

但老師說，如果我願意明天再去，他就再給我兩千元，但是他說第三天必須打完一千通電話。

一分鐘打一通，打完一千通電話也要一千分鐘，一千分鐘就是十六個小時又四十分鐘，即使我早上八點就開始打，打到晚上十二點也打不完。

但我還是去了，不過我完全就是抱著玩樂的心情去。

我一樣照著標準流程做，但這次只要有人態度不佳，我就立刻掛電話，因為我急著想把電話打完，以至於沒有時間再去想其他事情，只能瘋狂地往前進。

最後打到晚上九點半，主任示意我可以停下來，因為我當天已經找到六位願意捐款的善心人士，於是他額外給了我一個紅包、還有一個小餐盒，跟我說以後找不到工作的話，可以來這邊打電話。

後來我沒有跟我的銷售老師拿三千元，因為這個經驗是無價的。

每次有夥伴抱怨事情、訓練很多的時候，我就會跟他說這個故事。在「量」面前，所有的「虛名」都將俯首稱臣，不管是天分、能力、還是頭銜，這些在大量的實踐下都不值得一提，也許會有人把這個故事的實踐當成玩笑，但是我第三天在打電話時，沒有喝水、沒有上廁所也沒有吃飯，傾盡全力去做一件事，這就是最好的。

良師義有 「把握好每個成長的細節，才能在學習上更往前。把缺點變成優點，把優點變成頂點，那是成長的關鍵，也是成為頂尖的關鍵。」

學生悄悄話

宗義老師相比於其他許多補習班老師，更喜於跟學生產生聯繫，不像傳統老師那麼權威式的管理，但自身的實力與領導方式，卻能讓學生們想與他一起努力，達成當初與宗義老師約定的目標，一步一腳印，每天都有所進步。

讀累了，老師會說些故事，讓我們恢復精神後，繼續朝著目標前進。宗義老師一直給予我們鼓勵與肯定，不管我們在自己班上成績如何，不管這次考試分數高低，他都只看重我們能從這份考卷得到什麼、學到多少。當他發現有哪個地方的觀念是我們不太熟悉，或很多人都做錯的題目時，他就會帶著大家把這部分的知識點再複習一遍。

「隨時警惕自己在最正確的點上」是在我第一次進到必勝班遇見宗義老師

時他對我們說的話，這句話不僅僅是要我們自律，更成為了我們班的班規。直到現在，宗義老師曾經對我們說的話、鼓勵的言語，在我讀書讀累、壓力山大的時候，時不時還是會出現在我腦海中。

金華國中▼師大附中▼高雄醫學大學　鍾同學

32 犯錯 vs 犯罪

一切都會是最好的安排

因為我們部門的業務比較多元，每天經手的錢比較多，包括記帳、入帳、轉帳都需要較為專業的會計夥伴，而公司本身的會計又已經很忙，每次要請他義務幫忙，真的很不好意思。所以我詢問認識的會計師事務所朋友，給出非常有誠意的合作方案，看他能否過來幫忙。但是他說以我們公司目前的規模，並不需要花這個錢，他提出一個兩全其美的權衡方案：那就是他派一個實習夥伴來，但他會親自盯哨，因此效果會是一樣的，而我只需要花一半的經費。如此，我們公司能達到目的，而他也能練兵。我一口答應。

新夥伴是位就讀知名大學的一個女生，該學期還在班上拿書卷獎，非常漂亮、也很有禮貌，工作不只認真也很專業；也許是我朋友特別交代，她還會幫我們所有的夥伴泡咖啡、擦桌子、掃地，所以我們所有的同仁都非常喜歡她，因此第二個月開始，即使是實習生，我依然給了她正職的薪水。

半年後，奇怪的事情發生了。

我們公司部門的大會計發了訊息給我，說我的帳目有問題，請我提供完整的帳目給他，而他也把自己的帳目給我看，兩相比對，赫然發現每天大概會少四千到五千元。

我提了很多種假設狀況，但他都表示不會發生。

「那會不會是少扣稅金？」這是最後一個。

「只有一種可能，你們那個小會計做了假帳。」大會計講出了他心中的答案。

這是我不曾考慮的可能性，所以一聽到大會計斬釘截鐵的說，我非常驚訝，但卻沒有回覆「不可能」。

關於這件事情的處理方式，我認真思考了一整天，畢竟這半年的交情是真的，她的專業也是真的，但這個錯誤也可能是真的。

隔天，在沒有告知我朋友的情況下，我帶著律師、我公司的會計師，約了實習生準備講這件事情。會議一開始，我不發一語，直接把兩份帳目推到她面前。

她表情驚恐，開始流眼淚。

看到眼淚，我火氣整個起來。因為那是非常不成熟的幼稚表現，而我曾經非常信任這個人，事情演變成這樣，讓我覺得自己是一個蠢蛋。

「妳再哭，我就馬上報警處理這件事情。」我的語氣非常嚴厲。

她停止流淚，睜大眼睛，像個做錯事情的孩子。

我給妳兩個方案：

方案一、首先妳要把妳拿走的錢全部還我，不只是妳偷的錢，還包含妳過去所有的薪水；如果妳是學生，那我覺得妳可以犯錯，在我的立場是妳可以把學生身分買回去，但妳必須繼續在沒有薪水的情況下做這個工作直到實習結束，那我能保證除了在場的三人以外，不會再有人知道這件事情。

方案二、妳一樣要把偷的錢還我，但薪水妳可以保留，不過我會把這件事情告知我的朋友，至於後面他要怎麼做我管不著，實習工作到今天結束；不看這份錯誤，妳這陣子的努力仍為妳贏得一份尊重，我不會採取法律行動，也不會報警，這事情就到這邊結束。

妳可以考慮一天。我想得非常乾淨。

「不用考慮，我選方案一。」她馬上回覆，眼神充滿感謝跟抱歉。

我示意她可以離開辦公室，且沒有任何安慰、溝通。因為一開始我就決定，只要她選方案一，走出門，就當沒發生過這個事情，既然這事情沒發生過，就不用安慰。

回頭再來看，其實整件事情最大的錯誤是我造成的，就是因為我們「所有人都在外打仗，家裡沒有人照顧」，這樣的策略是錯的，不好的制度會產出不好的夥伴，是我營造的環境影響她。

後半年她依然每天準時上班，做完一樣的工作內容，剛開始她看到我還有點怕怕的，但是我真的就表現的跟原本一樣。

實習工作結束時，我們特別幫她辦了一個歡送會。我親自幫她打了兩通推薦電話給會計師事務所，其中一家願意提供給她近九十萬的總年薪，另外一家則是願意提供給她出國深造的機會。

最後一天上班時，她特別來謝謝我給她這個實習的機會，她也不避諱表示這個錯誤對她的幫助很大。我拿出一個牛皮紙袋，裡頭裝著她這一年的所有薪水，告訴她：「年輕時走岔路無傷大雅，因為誰都有愚笨的時候，祝福妳。」

我笑得有點傷心，因為她哭得很慘，不過我相信那是喜悅的眼淚。

良師義有　「一切都是最好的安排，你要走過去才能明白。」

學生悄悄話

對我來講，宗義呢，與其說是老師，不如說是家人。

他是個會在重要時刻點醒你的人；是個對你沒有不必要吹捧，只會給你你需要的東西的人，這東西可能是你現在需要做的事，或你缺乏的資訊，亦或者是一句對你很重要的話。

第一次的相遇應該是國二某天放學，我去補習班輔導問數學問題的時候，宗義搞不好也不記得那天，這是我第一次碰到能用那麼快速清楚的方式來講題的人。再碰到的時候就是國三暑假，他是第一個稱讚我整體成績不錯，連我偏科最嚴重的社會科也是。那是我國中第一次有了一點自信，看到了一點希望，而後我加入了他們。

那一年很漫長、很辛苦，對我來說甚至有點煎熬，自卑、沒信心、提不起勁，就算有宗義一直在後面推，不斷地努力讓我繼續衝，成果終究是不盡人意。雖然過程和成果都不太好，但有很多東西跟著畢業證書讓我一起帶走了…讀書的感覺、強大的後援、更多的思考、更縝密的邏輯、更嚴謹的態度。

沒有這一年的經歷，我不會有這些成長，而我相信其實這些養分遠比成績、學歷來得更加珍貴，「隨時警惕自己在最正確的點上」這句話，從我畢業後一直擺在書桌上，這是我帶走最珍貴的證書，也是我最可貴的寶藏。

金華國中▼景美女中數理資優班▼台北藝術大學　陳同學

33 莫忘初衷

我不想只被喜歡，我想被尊重

團隊裡總有一種人是「非常有能力的人」，這些能力卓越的人，解決問題時看來輕描淡寫、毫不費力，再加上長久以來聽到太多稱讚，漸漸會忘記自己也曾努力過，有些人會在開會時吐槽別人的想法，聽別人說話結巴、停頓，就露出不耐煩的神情，甚至出言羞辱。有些夥伴會覺得：「這個人那麼有能力，要是失去他，我們的損失會太大。」於是選擇忍讓。

但是想經營一個好的團隊文化，這些「有能力的混蛋」是不能存在的，他們會從內部破壞團隊的和諧跟合作氛圍，這些人點出的觀點，多半是事實，但卻用「混蛋」的方式講出來，這會讓很多夥伴不舒服。

「誠實」指的並不是講出對方的缺點，也可以是優點，也可以是同時講出改善方式跟方向。任何情況，都不表示你可以暢所欲言而不必考慮你的話對別人的影響。

「別把粗魯當真誠，錯把傷人當率真。」

有一次帶營隊出去，其中一位隊輔因為記錯活動流程，誤把隊伍帶到另外一個場地，在場的幾位幹部討論後，考量不能讓大部隊行程被耽擱，因此決定讓活動繼續進行。這樣做會導致吃飯、休息時間需要延後，而這位記錯流程的隊輔到場後，發現活動已經進行到一半，他於是很生氣的質問，為什麼我們沒有等他！

當下我把他罵爆了。

後來營長跟我認真溝通這件事情，營長表示，他不認為我有錯，但是卻使得這位隊輔對於當天下午的活動，已經失去領導力跟動力，沒辦法繼續帶領他的小隊往前。這樣的後果是我無法預知的，但我表示自己不在乎，因為這位隊輔已經失去跟我們再次合作的機會了。

營長又說：「但是他的隊員是無辜的。」這句話讓我馬上低下頭來。營長拍了拍我的肩膀說：「我們可以在晚上的時候檢討，避免二次傷害的發生，甚至回去之後再來討論整件事比較妥當的處理方案，事發當下，你必須看遠一些，爭執後的結果必須是更好的方案，不然就是沒有意義。」

跟營長溝通的時間雖然很短，但對我之後處理事情的影響卻是非常大。營長沒有指責我錯誤的處理行為，反而協助我釐清自己做事的目的，給我正確的處理方法，因為面對任何問題跟衝突，其實都是讓團隊變得更好的關鍵。

想當然，後來那位夥伴離開了，但若是我沒有想清楚這整件事情，我也會失去待在這個團隊的資格。

我有一個畢業多年的學生，在當老師一陣子之後，約了我吃飯，想詢問我一些當老師的問題。當時他二十一歲，非常有熱忱，也想要幫助所有人，二十一歲的年紀，特色是膽量比經驗多。

見面時，他拿出自己上台前的準備——好幾本寫得密密麻麻的筆記，畫滿螢光筆，還有標示對應講義的頁碼，方便同學查找資料，這些都是他耗費時間準備、苦讀的經驗心血，但是他上台後，卻被同學不熟悉和不認真的態度給衝擊，悻悻然地走下台。

重複的狀況發生兩次後，他受不了，吼了幾個比較「活潑」的同學。罵完人後，他表示自己非常沮喪，雖然後來當天的上課狀況很安靜，但是氣氛非常不好。他自我懷疑的問：「我是不是不適合當老師？」

「你要先釋出善意，別人才願意聽你的話語。」

有的時候，城鄉差距也體現在家長對孩子教育的投入，如果家長覺得這個不是很重要，甚至很多同學家中根本沒有一個能夠坐下來讀書的書桌，要鄉下小孩子坐下來念書，根本是奇蹟，更何況還想他在六個禮拜內做完正常人一兩年的工作，這當然很難。

所以我給這位學生的建議是：「把孩子的考卷拿過來一張一張討論，實際看他們會什麼、不會什麼，跟他們討論如何幫到他們，問學生：『你需要我怎麼幫你？』這樣的問題，雖然也是會有人不願意接受，但只要有一個學生願意接受，就會開始擴散到其他人，然後再針對他們不會的部分專門設計課程，雖然會比較花時間，但要想幫助人，就得幫助所有人。」

「這樣做的原因是什麼？」也許是如此巨大的工作量，突然壓得他喘不過氣來，他語露不耐，眼神透露出打從心底的不值得。

「這樣是在告訴學生，比起他的成績，你更關心他這個人，純粹的告知錯誤跟教導他改善的方向，有本質上的不同。最重要的是讓他知道，你很在意他在你課堂上用心的程度。就我的經驗，『嚴肅的人令人畏懼，認真的人能贏得尊敬。』情感加上時間，就會變成一股直擊的力量，它會觸動、啟發人的內心，好的壞的都是。」

莫忘初衷，勇敢接受，好壞都嚐。

良師義有

「我不想只被喜歡，我還想被尊重。」

學生悄悄話

當我回顧國中三年級的學習歷程，不禁讓我想起了陳宗義老師，他對我們的教學方式，總是帶著一點小小的不同。在初次相遇的時候，陳老師曾對我說過一句話：「你需要更多的勇氣。」當時我並沒有完全理解他的用意，但隨著時間的推移，我漸漸明白了他所要傳達的意思。

這種勇氣並非指的是勇於去面對挑戰，而是勇敢地去探索自己的潛力。老師一直以來都給予我們足夠的支持和指導，但同時也鼓勵我們在學習過程中保持獨立思考的能力。他不斷地鼓勵我們超越自己的極限，尋找自己真正的興趣和潛能。

在老師的課堂中，我們並不只是被灌輸知識，更重要的是他教會了我們如何學習；他鼓勵我們主動思考、提出問題，並給予我們足夠的自主空間；他相信每個人都有獨特的學習方式和能力，因此他總是鼓勵我們發掘自己的優勢，並將其發揮到極致。

陳老師給予了我追求卓越的動力，並教會了我如何面對困難和挑戰。他總是相信我們可以超越自己的預期，並不斷地激勵我們向更高的目標邁進。

「你可以做到更多」這句話成為了我人生的座右銘。在陳老師的引領下，我開始了一段自我突破的旅程，我不再害怕面對困難（例如：數學），而是積極地尋找挑戰並勇敢地面對它們（每天算2小時的數學），這份勇氣和自信，讓我在學業和生活的各個領域都取得滿意的成績。

金華國中▼松山高中▼東吳大學　施同學

34 老師像醫生

針對個別孩子的學習狀況來設計處方

「師者，所以傳道、受業、解惑也。」剛開始成為老師時，我希望自己是位「好老師」，但我不知道如何當個好老師，我的想法是，要讓學生「成績好」，所以我採用的方式就是「嚴格」，做出有制度的量跟速度上的要求，講求效率。成果非常不錯，也因為帶班認真，很多同學在畢業後的回饋，讓我很開心。

但考試總有人失常，看到努力一整年的學生，卻在最後表現得很可惜，我是真的打從心底感覺很難過，「如果重來一次，我能多做……」這種負面情緒，不斷累積在我自己心裡，所以在教下一屆學生看到粗心失分時，我的火氣是一次比一次更大。

一年後，我就成為那種只看成績不看人的老師。沒錯，就只看成績，沒看到人。我在訓練班的時候留下這句話：「當老師有時很像在當醫生，你一直弄到別人不舒服，你就知道該看哪裡。」拿考卷跟學生討論時，很像是在看學生的身體指數，然後開藥方給他，同時「已有成果的自信」，配上「投入產生的經驗值」，讓我覺得自己能夠不斷增加效率，可以讓所有的學生都變得很好。但那樣子看起來就是「急」，不斷追求能力的提升，反而增加跟學生的隔閡。

那是發生在競賽前的一個禮拜，有個夥伴非常優秀，很有可能會是下一期的學員長（也就是我現在的角色）。在一份大部分考生都寫不完的考卷上，他給出幾乎完美的表現，考試兩個小時要寫五十題，但一題看起來比一題更無解，已經是老師的我也要寫滿一個半小時，而這位夥伴只寫了一小時五十分鐘就完成，並且只錯兩題；所有的訓練員對他都非常地稱讚，期待我給他一點鼓勵。當我把他的考卷拿過來討論時，一看到他錯的竟然是程度較低的題目，我甚至都還沒清楚的判斷出他是不是粗心。

「你還比不上我，你還要繼續努力。」我語氣嚴厲，瞪著他，緊捏著他的考卷。

我的想法是，他之後要接我的位置，他必須更要求自己，我用自己的角色告訴他：「天神之上有天尊」，希望用更高標準把他再往上拉。

他先是愣住，微微敬禮後，說了一句「謝謝老師。」那語氣是尊敬，還有看懂互相期待的感謝，也許別人不懂，但他跟我都懂。

不過現在回頭看，當時是可以做得更好的。

「情感加上時間，才會變成是一股直擊的力量。」

每一年都有學生給我很棒的回饋，但也都有人表示真的太累了。有句話說「嫌貨才是買貨人」，那不是抱怨，是學生的心得，在告訴我如何做得更好。所以我去問我的老師，要怎麼樣讓學生保持積極、熱情，我不希望學生離開我身邊之後，失去創造力、學習力、主動追求這些赤子之心，或甚至排斥學習。

老師說：「有理想才不會累。」他並沒有明確地說出「如何做」，而是指引了我明確的方向。

第三年開始，我就把這些故事放在課堂裡面，透過這些故事跟經驗，讓大部分學生開始認同，也更能理解為什麼我們要這樣要求他。說故事拉近了我跟學生的距離，更棒的是，這些故事還能引起他們的學習興趣跟動力，即使不用制式化的追求效率，他們也會想辦法跟上大部隊前進。

「沒有人喜歡二手的感動，講出故事讓聽眾自己感動。」

前年大考前，我給了一個學生一份模考題本，他給出了跟當年學員長一樣的表現，雖然仍有一些小錯誤，但在那本題本上的表現已經是非常頂尖，因此那時在我腦海瞬間閃過很多畫面，相對於任何修正跟提醒，這次我講出對於這位學生一整年的評價，我說：「去吧，你強過我當年。」

那孩子平時不太笑，但當天他真的很開心，最後的成果也是順利考上第一志願。

今天，我仍然覺得老師這職業很像醫生，但是我已經有更高的理解，如果是醫生，每個病人需要的東西是不同的，有的需要動手術、有的只需要吃藥、有的跑步運動就可以，能夠做出「差異化、精緻化」的處方，跟我一直以來看同學模考卷，針對個別孩子的學習狀況來設計訓練，完全不謀而合，好像一切都計畫好，很神奇。

古人有「見山是山、見山不是山、見山又是山」的體悟，而我繞了一陣子，再次看到學生時，他們給我的回饋是：「你讓我知道，如果我認真，我好像也可以考得很好，討論題本時不太像是在教我，而是會告訴我下一個階段要幹嘛，感覺你把我當成大人。」這種回饋我第一次聽到，後來我跟其他同仁分享時，我都會提到：**「把學生當大人，他們就會看起來像是個大人。」**

我很幸運，每次遇到問題時，只要去問，我的老師都會跟當年一樣，熱情地跟我說解決方案，「老師是終身售後服務」這句話，令我印象深刻。

每個人都在往前邁進，但卻有一個人願意回過頭拉你一把，告訴你什麼事情是對的、什麼是錯的，指引你正確的方向，我稱呼這些人為老師，並真心感謝他們。

良師義有

「你不會知道你是否是好老師，但你的學生一定知道。」

學生悄悄話

「不瘋魔、不成活」

老師在黑白上寫了不少話，我卻只記得這句。

三年之後，我因攀登過程中的墜落而遲疑；

五年之後，我任性的在最難生長的縫隙開出一朵花；

往後，比起多對了幾題數學，我更因為活出快活的態度而感到欣喜。

那句「加入我吧！」

僅是一句話落下，卻帶來最充實的回憶。

宗義帶給我的並不是課業上的協助，更像是在恍惚中的強心劑。累到睡著的十分鐘後，老師才貼心的喚醒我；念到暈頭的兩小時後，老師周到的準備每天的小故事。看似漫不經心的人生觀分享，卻是我繼續前行的動力。

往後我多了點衝勁，

往後我多了些固執，

往後我多了種自信。

人生確實該瘋一場，為了自己的目標而癡狂，這個念頭，是那些日子、經驗，所帶給我的。宗義給出肯定、賦予期望、做足陪伴，讓我更能有勇氣接受挫折，有意願正視缺點。

師者，所以傳道、受業、解惑，更不同的是，宗義他賦予了價值。

仁愛國中♥北一女中　陳同學

35 勇敢

沒有贏得認同，至少也能贏得尊重

一位年輕人問智者：「你的智慧從哪裡來？」

智者答：「來自精確的判斷力。」

年輕人又問：「精確的判斷力從哪來？」

智者回答：「來自經驗的積累。」

年輕人再問：「那你的經驗又從哪裡來？」

智者真誠地回答：「來自無數錯誤的判斷。」

不管是看電影還是上課程，結束後，我都會覺得自己的人生多了好多體悟，又或是對別人的人生多了一點了解、格局又大了一些；透過閱讀，我不用經過那些痛苦，就能夠擁有那些經驗，這是非常幸福的事，這也是我寫這本書的初衷。

從大學開始一直到現在，我就強迫自己每個禮拜至少聽一場演講、或是看一部電影，正因有這樣的習慣，在學生時期分組報告或跟老師討論時，我總能講出更多的論點，且看到事情的多元面向。

直到今天自己開公司，我依然保持這個優良傳統，每個禮拜都會鼓勵工作同仁去看電影或是看舞台劇、聽演講等，並請他們寫心得或直接跟夥伴分享，被票選出分享最好的話，還能獲得千元獎勵金，感謝他讓夥伴有更多的成長。

「學習是人的本能，和成功者在一起，自然會模仿他們的思考邏輯、做事方式，進一步拷貝對方的成功模式，把它變成你的。」——作家千田琢哉

團隊內最堅強的成員，一定要帶頭先往前走，畢竟在探索跟開拓時，難免會有不確定性跟遇到問題，甚至會因困難衍生而猶豫不決、自我懷疑；但強大的成員遇到這些問題時，有能力當機立斷或是向上反應，甚至直接解決問題，這樣其他的夥伴就可以跟在我們後面，避免跟我們犯一樣的錯誤、學習我們好的經驗。對一些夥伴來說，這有時的確是一種壓力，但希望這股壓力能夠激發出更好的表現，真正能夠累積自信跟優越感。

一開始，難免會有人懷疑你的實力、跟你所追求的真偽，這是很正常的，如果一味地把懷疑你的人視為敵人，其實也是故步自封。

「你這麼年輕，怎麼帶我小孩？」諸如此類的質疑，在我第一年教書時層出不窮，

甚至有家長在開完說明會後當面質問老師，或是要求換老師的情況。

「教育是一項需要熱忱的專業，從剛剛的討論，相信您能認同我的專業跟熱忱，您能提出這個問題，表示您對教育非常在意，只要我們一起努力，您的孩子一定沒問題。」

「追求目標的道路從來都不平坦，但別丟了目標也丟了自己。」

人都會被懷疑，但不同的是被懷疑之後所做出的反應。你可以選擇懷疑自我，也可以選擇證明自己。說出那些曾經的故事，贏得更多的認同，讓自己變得更好，成為晚輩們的標竿跟指引。

好比去其他公司提案做生意，真的很容易被別人潑冷水跟嘴砲，但是假如你真的很愛你做的事情，或為你認為正確的事情而努力，其實你不用害怕的，**勇敢說出內心的想法，沒有贏得認同至少也能贏得尊重。**

「如果我當老師，我想和你一樣。」這是我聽過最棒的稱讚，因為當年我請教完老師問題時，我就是這樣跟我老師說的。

如果你跟夥伴只講工作，你會得到一群工讀生；

如果你跟夥伴老講故事，你會得到一群聽眾；

如果你跟夥伴講理想跟信念，你會得到一群追隨者。

良師義有　「領袖不用是最有能力的人，但必須是對目標最堅信不移的人。」

〈或許〉

每個人都有他記錄事情的方式，有的人是寫文章、有的人是拍照、有的人是寫歌，不同的紀錄方式，但都記錄著那些發自內心的故事。

每個膾炙人口的故事或歌曲誕生時，其所代表的意義不單單只是舞台上光耀的掌聲，還有故事背後那些，不為人知、卻刻骨銘心的片段。

在追尋名為幸福的旅途中，每一小段故事都有屬於它自己那跌宕起伏的生涯軌跡；但最後，它們並不會附在那名為幸福的樂章裡，被一筆帶過，他們是屬於那些擁有者自己的「或許」。

向所有的「或許」致敬，也向青春致敬。

真羨慕，時間是一位最幸運的見證者。

學生悄悄話

提起與老師的緣分，其實我並不是一開始就進入所謂必勝班的學生，那時的我好像除了每次上課被老師點名，還有下課問問題，基本上跟其他人沒什麼交集。印象中因為一次的課後解題，又或者看到我模考分數有意提攜，就這樣，我成為了他正式的學生。

而在此之前，每次看到他大搖大擺的走進教室，然後在教室最後方的休息室督導著每位學生，說實話，我的第一印象，他應該很兇吧，一定常常罵人，可遠觀而不可褻玩焉。話說如果沒有剛開始的幾次相遇，我可能會想躲得遠遠的，但現在的我，也許該值得慶幸，還好當時有老師，才會啟發並造就今天的自己。

我成了必勝班的一員，也成為了所謂宗義老師的學生。還記得每逢國三模考，老師一定會在考完當下，在講台前先寫完考卷，然後一對一的看著每位學生寫模考的情況，我總會被他念哪裡哪裡不應該錯，被告知寫題目很不穩。我很喜歡老師客製化的分析，這讓我們知道當前的情況並進行修改，當老師看到我的訂正，或自己在不會的問題上做各種神奇的推理分析，他總會跟我說不要當自己的教練。雖然對當時的我而言，有不少話都不知道有沒有好好聽進去，卻也有部分叮嚀，在高中時被重新使用，至少讓我在升大學時，考得還不錯。

記得有一天晚上，當大家都已下課回家，我依然留下來問問題，結束前才娓娓道來，自己模考又考差了。老師便指向那時他在黑板寫下的文章〈或許〉，雖然現在回想起來忘記當天的細節，但那晚我很感動。每次老師總會寫點東西在黑板上，雖然多數名言佳句我僅簡單看看；老師還會請同學畫漂亮圖案，有某幾次會被文章感動，又或者那就是我們的生活。

也許自己會考考得不甚理想，但不代表他並非出色的老師，我從宗義老師身上了解面對學習的態度，也因為失望過，所以要更努力。而一次的考試並不代表人生的終點，至少回首過去，我曾拚盡全力。

曾經的回憶都不會消失，一起努力的成果也許並不盡人意，但總是一段值得抬著頭、述說的過去。

最後，四年後的今天，我以社區高中的身分踏入椰林大道，我知道我可以不輕易放棄追逐夢想的勇氣。

謝謝老師。

師大附中國中部▼西松高中▼台灣大學　何同學

36 指路

上帝的聲音

這是一個家喻戶曉的寓言故事。

突如其來的一場暴風雨，襲擊了一個小鎮，小鎮很快就被水淹沒。水位不斷上漲，當地的牧師則跪在教堂的門廊上祈禱，周圍環繞著水。不久，一位教區居民乘坐獨木舟，划槳來到教堂。

「請趕快上船來吧，牧師。水位正在迅速上升。」

「不用擔心」牧師說：「上帝會拯救我。」

水位繼續上漲，當一艘電動橡皮艇駛近時，牧師已經在陽台上避難。

「請爬上船吧！牧師。當局已經下了疏散令。」電動橡皮艇上的救援者大喊。

再一次，牧師無動於衷地說：「上帝會拯救我的。」

宣洩而下的大雨沖毀該鎮的堤壩，滾滾洪水傾瀉而下淹沒教堂，只剩屋頂尖端露出在水面上。一架直升機從雲層下降至屋子上方。

「趕快抓住梯子上直升機，牧師！」飛行員喊道。

牧師再次拒絕，堅持認為他要信靠上帝。於是直升機離開了，而牧師則淹死了，在天堂的大門，與上帝見面。

「我不明白，您為什麼沒有把我從那場洪水中拯救出來呢？」

「你這話是什麼意思？」上帝問道：「我派了兩艘船和一架直升機去救你，你怎麼沒被救活？」

「很多時候以為天塌了，但其實只是你站歪了，只要再站正，天就永遠不會塌。」

有時我們可能會像這位牧師一樣，當經歷困境、問題和疑問在我們周遭不斷增加時，**上帝看來對我們尋求幫助的禱告似乎充耳不聞，但也許我們只是專注於我們認為上帝應該如何幫助我們而已。**

正如馬丁．路德所說：「凡是以真正的信心、真心誠意地呼求上帝的人，必定會被上帝聽到，並得到他們所請求和渴望的事，儘管並非在他們所要求的時間內，或以他們請求的方式來回答，也不一定完全就是他們所要求的東西。然而，他們將獲得比他們敢於祈求的更偉大而更榮耀的事物。」

每一年剛開始帶國三、高三那種打一整年仗的衝刺班，第一個禮拜總是特別難熬，而「壞心的我」總是會在第一個禮拜非常要求規矩，訂定目標、製造高壓，一來是要打退那些想來混的；二來是塑造環境讓家長放心。

我會在第一個禮拜結束時對學生說：「兩個月的時間很長，但一年的時間其實很短。我打仗打好幾年了，我可以花一整天的時間跟你講完你這一年會遇到的困難，但是一點都沒用。不要急，你要用自己的眼睛去看這一整年，時間一久，你一樣會有很多疑問，難免會遇到瓶頸，這時候就需要別人幫你指路，或許你那時候沒聽懂，但你會聽懂的。**問題從來不會直接告訴你解決問題的答案，但是會指引你解決問題的方向。**」

如果你是上帝，有人向你禱告祈求家庭和樂，你會「直接讓他家庭和樂」，還是「給予他學習讓家庭和樂的機會」，我想答案是肯定的。

「『我的恩典足夠你用，因為我的能力在人的軟弱上更顯得全備。』所以，我更喜歡誇耀自己的軟弱，好讓基督的能力蔭庇我。因此，為了基督的緣故，我欣然面對軟弱、凌辱、迫害、艱難和困苦，因為我軟弱的時候也正是我剛強的時候。」——《哥林多後書》第十二章9～10

學生悄悄話

在和宗義老師學習的過程中，我重新找回了對自己的自信，他用他的鼓勵和精確言語告訴我，也許過去的我曾經有一段不好的日子，但在我的努力下、我早已千百倍的超越記憶中的那個自己。那樣的感覺，讓我在接下來的路途裡，多了一份無比堅實的力量。

宗義老師教會我的，不僅僅是對題目細節的處理，那樣的技巧更提升我對生活經驗的處理，在往後的日子裡，我能更好的看待我的「好勝心」，追求頂尖，卻不怕失敗。在必勝班讀書的時光，每個人都有自己的節奏，每個人都有不一樣的目標，但大家都可以在這裡找到同一份穩定感，這是大考最重要的一件事，所有細節處理的先決條件就是穩定和自信。尤其是8點的小故事時間，給我們讀書之餘一點新的思考，不至於被學科知識淹沒。

我會把宗義老師說過的話寫下來，考前翻一翻，這些隻字片語帶給我的穩定，比錯題本都還有用。曾經的我，只是用大量題本和不斷埋頭練習來給自己一點肯定；後來的我，學會怎麼問出對的問題，學會建立思考和判斷模式，更學會怎麼更強大的面對困難，那段時間的成長，至今都對我有所助益。

「隨時警惕自己在最正確的點上！」

復興國中▼北一女中▼台灣大學　徐同學

37 偶然

文不可以學而能，氣可以養而致

〈人間詞話〉王國維

「昨夜西風凋碧樹，獨上高樓，望盡天涯路。」此第一境也。

「衣帶漸寬終不悔，為伊消得人憔悴。」此第二境也。

「眾裡尋他千百度，驀然回首，那人卻在，燈火闌珊處。」此第三境也。

王國維先生認為，成功的第一境界是立志（語出晏殊的《蝶戀花》），此種境界是說做學問、成大事業者，必先要有執著的精神，登高望遠，有追求目標、明確方向、了解事物的概貌。

成功的第二境界是堅持，「繩鋸木斷，水滴石穿」。第一層的望盡天涯路，固然有憑高望遠的蒼茫之感，也有不見所思的空虛悵惘，但這所向空闊、毫無窒礙的境界，同時精神滿足，而扛著這矛盾繼續往前，是對於自我跟理想的堅持。

而成功的第三境界就是「終日尋春不見春，芒鞋踏破嶺頭雲，歸來偶把梅花嗅，春在枝頭已十分。」很多人認為成功似乎是很偶然的：一天，居里夫人發現實驗室出現一種奇怪的亮光，她因此發現了鐳；然而事實是居里夫人從「成噸」的瀝青鈾礦中，經過無數次實驗才提煉出十分之一克的鐳。所以，**看似偶然的成功其實並不偶然，成功總是建立在堅持不懈的努力基礎上**。

以上這篇故事，並不是要讚揚成功這件事，而是要講述王國維先生對成功的描寫，短短幾句話，卻能帶來很大的體悟；即使到現在，我都還不確定透過這些文字的感觸，是不是已經達到跟王國維先生一樣的境界，就像某些人聽歌時，聽到一句特別呼應自己內心感觸的歌詞，會久久難以忘懷。同樣的狀況也會發生在看電影，都是情感抒發跟表達的方式。

我講得天花亂墜，也比不上你從書本或文字上真正拿到一點感動，就像你不會嘲笑花錢聽演唱會的歌迷一樣，他們有他們的感動跟理解感情的方式，即便沒有獲得別人的認同也沒關係，因為真感情就是好文章，讓自己感動最重要。

不過，假如你是外國人，先不談文章的深層意境，光是要看懂文字就已經很困難，更何況去感受、享受文章的意涵。但是，一旦累積「進入文章」的能力，透過閱讀跟敘述表達，一段時間後，對周遭事物的領悟力跟感受度就會截然不同，生活將因此更充實、滿足。更棒的是，若能開始寫下自己對某事物的感觸，記錄下那時候的感動，就不會只停留在記憶裡。

就像王國維先生的體悟，直到今日還在被後世討論，他大概也猜不到他當下發出的名為「感動」的子彈，竟飛了近百年；就像曹雪芹當年可能也沒想到，他寫的《紅樓夢》會被後人研究到如此深刻，一本《紅樓夢》，養活了一群紅學家。

「誰和我一樣用功，誰就會和我一樣成功。」——阿瑪迪斯．莫札特

也許你認為：「我上班已經很辛苦了，哪有時間再去弄這個。」

那你一定要認識這三個人，他們分別是企業家、記者跟工程師，這三位分別是克拉克肯頓（Clark Knel）、布魯斯韋恩（Bruce Wayne）跟東尼史塔克（Tony stark），他們真正的身分分別是超人、蝙蝠俠跟鋼鐵人，而這三個人都用這身分告訴你：「英雄的工作發生在下班之後。」

希望你能成為故事裡的英雄，你的故事只有你能拯救。

學生悄悄話

在認識宗義之後，我才知道世界有多大。

還記得我在必勝班的時候，每當有人問起那邊都是些怎麼樣的一群人時，我都會想到一句話：「我們就是一群追求卓越的人，聚集在一起，齊力往山頂爬。」每當我在這條「長安道」上遇到阻礙時，宗義總是會在我們最需要的時候給我們來點心靈雞湯，透過短短的小故事燃起我們心中的熱情。各種職場趣事都讓我感觸深刻，甚至是在我心中建立了對未來的憧憬。

看著在台上的宗義，讓我對於「老師」二字有了新的定義，不只是傳道、受業、解惑，而是能感染周遭的人，讓大家有一種歸屬感，營造團結努力的心。當時的我真正感受到一位優秀的領導者的氣質跟魅力，那是我過去不曾見過的，讓我在不久的將來也有一個站在台上的夢想。

所謂台上十分鐘，台下十年功，可能很多人不知道，但是我剛進必勝班時，總是能看到宗義早早就在桌子旁算數學、練習手感，快速解題靠的從來就不是天賦，而是背後流的汗水。一直很喜歡一句話：「老師，你數學這麼強，是不是天生喜歡數學？」老師：「你有看過有人天生喜歡吃X的嗎？」這句話讓我感觸良多，也在我求學的路上提醒著我。

現在的我還是會時不時想起宗義描述精彩多姿的大學生活，我一直很後悔，當時沒有聽老師的話，過了糜爛的高中生活，虛度了三年光陰，但在即將畢業時刻，我還是想起了當初的熱血，從頹廢的日子慢慢找回以前的拚勁，如果沒有當時的必勝班、沒有當時宗義的中場小故事帶來的調劑，或許我沒辦法進入自己心目中的理想學校。對於當時的讀書環境跟氣氛，或許找不到一樣的地方了。國三在必勝班那年，是我國中印象最深的時光，也是我最懷念的時光之一。

金華國中♥成功高中　顏同學

38 成長

只有兩個方式：
一個是學習，一個是犯錯

「我很容易設定一個目標，卻不去認真執行，事後覺得很後悔，該怎麼改善？」

之前有同學問過我這個問題，我是這樣回答的：

想像你剛從海軍官校畢業，在執行畢業考核的任務上，你完美的表現，贏得所有長官一致好評，完美的射擊表現，讓夥伴臣服的領導力，在場所有長官都認為，你會在漫長的軍旅生涯中，留下屬於自己濃厚的一筆。

於是，你迎來成為軍官後的第一個任務，長官在交付給你時，就已經明確表示任務非常困難、艱辛，但你依然昂首接下，並表示「你就是為了這樣的時刻而存在」。你找了九個跟你一起從學生到軍官的夥伴，每一個都跟你一樣優秀，幾乎是你認為最完美的團隊。

出發前一晚，長官特別打一通電話告訴你：「希望你能讓我們為榮。」

最後，你卻因為判斷失誤，掉入敵人的陷阱裡，任務宣告失敗。九個夥伴確認陣亡的已有七個，一名失蹤、一名躺在手術室內，而你正在手術室外跪著禱告，祈求上天不要帶走你最好的夥伴。同時，面對長官的詢問，你語塞，傻愣愣地看著他。

如果這個狀況發生在你身上，你可能會有兩個想法。

首先，你可能不適合當軍官；

又或是，你可能不適合當軍人，你承受不了這樣的壓力。

不論你做出哪一個選擇跟判斷，你要明白：「任務還是會繼續執行」，你的迴避只會讓夥伴暴露在更危險的環境，讓他們被不及你能力的長官領導。如果你真的珍惜自己的夥伴，你要做的事情就是「提升自己」，讓自己變得更強，在達成任務的同時，把你最珍惜的夥伴全部帶回來。

打仗就兩個結果：有輸贏，人死掉。

解決抱怨粗心的懊惱和對失誤的不甘，總會是考完試後第一堂課的重點。說安慰有點矯情，對於這些失敗的悔悟，我都會跟學生說：**「別用昨天的失誤，懲罰今天的自己。」**有努力就要有成效，沒有成效就要對症下藥，做一樣的事情卻期望有不一樣的結果，那等到的多半不會是結果，而是後果。**想清楚、想乾淨，把細節都做好，運氣就會站在你這裡。**

良師義有「用平庸講你並不妥當，不是因為它帶有貶意，是因為它不夠精準。」

危機有兩個層面，一個是危險、一個是機會，銘記成為頂尖選手的首要條件就是「不要犯重複性的錯誤。」

那問題來了，到底做到什麼樣的程度才算是準備好？如果找其他的夥伴去執行這一個任務，結果會比較好嗎？或是，雖然任務失敗，也有夥伴陣亡，但只要跟我的關係沒那麼近，就覺得「還過得去」？

答案是——從來就沒有準備好，有的就只是不斷迎向挑戰的心態。

只要是做人跟做事，沒有不失敗的，害怕失敗並沒有錯，但如果因為害怕失敗就迴避挑戰，那就已經輸了一大半。不會犯錯的領袖並不存在，勇於承擔責任、承擔錯誤，面對失敗時講出「我在流血，但我沒在流汗」，回到自己的崗位弄懂遊戲規則，下一次獲勝的就會是我們，真正從中拿到的經歷才是價值。

「『輸』一直都是很寶貴的經驗。」

學生悄悄話

「我想帶給同學的並不只是數學，而是人生經驗與意義。」

「不想當個在意成績的老師」

從第一堂宗義的課到現在，他分享許多自己的故事，在追尋知識的途中，往往需要許多休息，休息不限何種形式，但老師選擇用他的故事讓我們重整心情，給予我們力量。學習一段時間後會感到疲乏，對於整個環境、成果及外面的聲音會感到遲疑，而故事可以推動遲疑，聽完故事會有再次前行的動力。

偉大的突破並不只建立於小小的努力，更重要的是心態，堅定的心態才是向前躍進的關鍵，而宗義的角色就是幫我們建立心態，「努力」留給我們自己，心態就交給他處理。

每個考生需要的，無非是健全的心理，也就是上戰場的充分準備，有了最精湛的武器，若缺少了勇敢前行的心態，永遠踏不出前方的壕溝，那將會是最高且最悔恨的牆。

雖然宗義都說是小故事，但我相信一定默默浸染著所有聽眾，一句話、一則故事，都能支撐著我們走更遠更燦爛的未來。

「紮起頭髮，口袋裡塞幾顆薄荷糖，不想別的，最好的狀態是，一點點向自己喜歡的東西靠近，保持熱愛，奔赴山河。」

「希望闔上筆蓋的那一刻，有種將士把刀收回劍鞘的驕傲。」

薇閣國中▶薇閣高中　傅同學

39 斜槓

Stay hungry, stay folish.

斜槓是近期非常熱門的詞語，多元的抬頭跟羨煞旁人的學經歷總是令人嚮往，可是獲得一項非常強大的專業，真的可以在短期或是純粹靠空閒時間就能達到嗎？

我有一個朋友，他高中時期成績非常不錯，大學念了文學系，一路又念到了文學所，從書寫、思考到辨析，每個想法都非常透徹，雖然他尚未出書，但他的文章已經得到非常多激賞跟稱讚。特別的是，這個人在拿到中文所學位後，再去念了資科所（寫程式），他說在資科所念了一年所嘗到的挫敗不計其數，非本科出身的他完全能體會，本科系學生四年不眠不休鍛鍊出來的程式能力、邏輯思考，不是他短時間內就能追趕得上的。

「跨領域不該是、也不會是浪漫的事情。」——沈欣柏即使是一個手上有萬用工具組的技師，如果平常沒有豐富的實作經驗，那些工具組也只能淪為一個寶藏包，臨場也只能一個個拿出來盲試而已；技師必須在平常就了解這些工具如何操作，也知道面對什麼狀況可以使用，而如何巧妙運用，端靠經驗累積，所以才會有老師傅與菜鳥的差別；把每一個模組（工具用在什麼場合）都先操作熟悉（工廠實習），再來就是看個人修練功夫下得深不深了。

「即使跟老師傅買了同樣的工具袋，也不會馬上變成一個老師傅。」

若這些全都明白，在決定要斜槓的瞬間，其實是需要很大的勇氣。但誰更勇敢？一個完成自己熟悉任務的人？還是明明很害怕，但還是依然執行任務的人？我想答案是肯定的。

即使面對一個有可能搆不著邊際的深淵，仍豪邁的縱身一躍，當然是勇敢，但也些許有些浪漫。

在這個講求效率跟速度的時代，實力只能透過不斷的累積，很多人已經忘了，每一個些許的成功，都是要很努力、很努力的投入，才會有的結果。

「聰明不是不用學，聰明只是學得快。」

現在面試工作夥伴時，我看到履歷表非常豐富的人，反而不太會錄取，不是懷疑他造假，而是「如果你的變動性這麼頻繁，你有可能跟我合作很久嗎？」

每一個專業都是需要大量時間耗損，全能通常也表示全不能；做一件事情，專注把它做到最好的這份精神是很重要的。熟悉一項領域，最終就會發現，即使是興趣，仍然會變得不有趣。但興趣的熱情是真正可以弭平所有困難，因為即使知道會困難重重，還是可以無畏前行。

最重要的不是嘗試的次數，而是真正投入進去的努力跟付出過程，即使最後沒有成功，那種曾經給出自己的全部，單純的下定決心去嘗試，也是很讓人吃驚的，至少在之後自己的眼裡是這樣。

誰都不能阻止你成為優秀的人，多為自己努力一些，以後就會少一次低聲下氣的機會。從來都沒有不小心大獲全勝，只有不小心全軍覆沒，每個失敗都存在著些許的驕傲，而當輸家抱怨規則時，贏家從來不找藉口。

良師義有

「若你對工具的使用開始覺得混亂而不是新鮮，表示你已經比第一次拿到工具的人強一百倍。」

學生悄悄話

宗義老師一直是我的良師益友。

剛開始認識宗義，我還是個懵懵懂懂的國中小孩，會把自己分內的事情做好、不讓長輩們擔心。到了高中，因為升學壓力還有一些其他零零碎碎的因素，以致高中時期的我過得渾渾噩噩、找不到自己的方向，雖然我已經不再是宗義的學生，但宗義還是騰出時間，坐在階梯上跟我聊天，聽我心事、給我建議，這次的談話是我高中為數不多但會想起的時光，也是在黑暗的升學道路上指引我方向，給了我前進的動力跟勇氣。

時至今日，我已經是大學生，宗義仍然很關心我，仍然會騰出時間跟我們吃飯、聊聊近況，仍然是最好最棒的老師。

仁愛國中▼中山女中▼東吳大學　張同學

40 好為人師

要先學會急停，才有資格學會急行

我的第一個家教，是教一個國中女生數學。她非常認真，但就是「進不去」數學，在數學分數不到七十分的狀況下，卻能一直維持班排第三名。

第一次上她課的時候，她快速地寫下我口語講述的所有東西，不管是簡單的觀念或是解題的技巧，全部都寫下來，最後她獲得密密麻麻的兩張紙。上完課之後，我認真地跟她溝通，說我必須要拿走她的筆記，因為正確的學習方式不是這樣，而這樣的方式會造成她現在學習上的問題。不管什麼樣的資料，對資料量正確的理解，都不會只是單純的背誦，而是必須闡述跟使用。最後她讓步，決定用一次段考，嘗試用我們溝通的方式學習。

最後的成效是——她那次段考，得到全校第五名。

但在考試前兩周，有一個題目已經講過三遍，她仍然出錯，當時的我還沒什麼經驗，所以用了最不好的方式，「吼」了她一句「到底要怎麼教妳！」我的情緒並不是生氣，而是焦慮跟心急，因為我清楚她非常的認真，而這樣的錯誤有可能導致她在考場上敗下陣來。

她很難過的哭了。跟她媽媽說我身體不舒服，隔天再來補時數，就直接離開。當天我非常非常難過，隔天我補時數時，課前考的第一個題目就是那一題，她看到後不假思索的完成，但我的情緒並沒有因此恢復。

段考成績出來後，她非常開心，她媽媽也特別準備了蛋糕跟飲料，說要請我吃飯。我如期赴約，但我同時提出了辭呈，因為覺得自己已經失去繼續做這件事情的資格。

「如果你不繼續教我，我不知道該怎麼辦，我會什麼都做不好的。」她語氣擔心，像是好不容易抓到救命稻草的落難者。

「不論什麼事情，當妳失去之後，妳就什麼都不是，妳就不值得擁有它。」我語氣平穩，沒有嚴厲，像是在做分別時的叮嚀。

後來雖然我沒有繼續教她，但我都有跟進這位學生的成績，分數雖然有些微震盪，但從來都沒有連續兩次敗下陣來。國三畢業典禮時我有到場，她跟我說她如願考上心目中的第一志願，那是一個很棒的轉折。

「要先學會急停，才有資格學會急行。」這是冰球的技巧。

遇到問題，我們都會反思自己的經驗，但它就是有限。經驗的確有它的優勢，但也有它的限制。我覺得整件事情如果是現在的我，一定能夠處理得更好。但我那時候真的能力不足，所以只能選擇離開，讓自己學習如何幫助夥伴、學生，所以我去找我的老師諮詢。

「老師的責任，就是要用一個靈魂去喚醒另外一個靈魂。」老師講的簡單明瞭。

其實我第一次聽到這句話的時候，非常生氣，如果老師要做這麼多，那為什麼有那麼多人不認真做，為什麼我知道這件事情後，就要這麼努力，而其他人卻可以在那邊「做自己」？那種洩氣的無力感，真的讓人很想同流合汙。

「想到醫生你會想到誰？」老師看我很沮喪，於是又問了這個問題。

「史懷哲（Albert Schweitzer）」我回答腦海中浮出的第一個答案。

「為什麼？」老師追問，我認真思索，卻講不出來。

「因為史懷哲不只是領導者，更是開拓者。」老師的答案意在言外，當時的我只有感動。

今天，我能背著這句話行動，反思我的教學生涯，更慶幸自己仍在筆直的道路上。

良師義有 「有一天我們都會成為別人的回憶，盡力讓它變得美好吧。」

〈進步〉

進步是什麼？

對古代的人來說，祭司的話就是神的話，獻出生命拯救村子，現在看起來是笑話，但那曾經是法律。

進步，指的是在不間斷的懷疑、猜忌和犧牲後，所得到的些微成果。然而走在當下的人，僅為了看來微不足道的成果，卻願意無悔的付出好幾年的時間、甚至是好幾代人的時間。

面對一個連自己都不知道踏不踏得到盡頭的深淵，仍豪邁的縱身一躍。

說來是瘋狂，但那更是一種浪漫。

口耳相傳的進步，雖說似夢似真，但其實就在低頭即可瞥見的地方。

揉揉眼睛。

或許在你極盡筋疲力竭的時刻，你還能跟我一起聽到，那名為往前的步伐，撞擊地面的清脆響聲。

我承諾你，它今天響起、明天再響，它會響徹於追逐成長的筆尖上，誇耀著此刻踏實的努力和飽滿的青春。

即便似夢似真，但你肯定能明白，那響聲，是歌頌、也是驕傲。

學生悄悄話

在國二國三的時候遇到宗義，從老師身上完全可以體現什麼是教學熱忱。假日自習不時的關心，必勝班各種勵志的短文或佳句，從不缺席的八點小故事，主動詢問學習、做題狀況（尤其是我這種不會主動說出自己需求的人，遇到老師真的非常感動），激勵我要爬到更高的位置，在會考得以拿出最好的成績。

畢業後老師也持續關心（問我高中段考的狀況），讓我知道自己要再加強的方向。宗義沒有老師的距離感，輕鬆的時候像哥哥一樣，認真的時候每句話都說到心坎裡。

宗義給的是知識、生理、心靈上的陪伴，對那時的我來說，宗義是最好的戰友，沒有之一。

仁愛國中▼北一女中　陳同學

41 追求頂尖

設停損、避免偏執，不然只是花時間跟情緒對抗

「倘若把雞蛋放在燈光下仔細檢查，你一定會在最薄的地方看到裂痕。」那就是缺點，再完美的事物也會有其缺口。

「欲戴王冠，必承其重」是指真的坐到某個位置，才會感受到的責任和負擔，因為付出的時間和努力，所以才更有壓力。

其實考試是很有趣的，不只是追逐考試的分數，還有跟強大的同儕互相競爭、互別苗頭，不管是戰勝對手、還是敗下陣來，都是很熱血的經驗。那種追逐更高的遊戲理解，想成為更好的遊戲玩家的態度，是可以在之後的人生中渲染開來。當然分數對一個孩子而言，見仁見智，但這一篇我想探討的是「追逐分數」的這個態度，以及可以獲得的東西。

在追求頂尖的目標下，有一些學生會熬夜念書，這是不對的，因為熬夜就是「不管未來，只看現在」的做法，不管是什麼競賽，上天都不會讓抱著「即使同歸於盡也沒關係」的人一直贏下去。考完試再繼續讀那個科目也是可以的，沒有安排好時間的這個經驗要去修正，不能讓錯誤的事情重複發生，也不能喊出「下次一定」這種空泛的誓言，就我的經驗，只要事情發生過一次，就不會是特例，在人身上是這樣、在事情身上也是如此。

「如果你是第二名，那意味著你是頭號輸家。」——Kobe Bryant

只要打仗，就必須要有通盤的規劃，可以輸掉一場戰役，但不能輸掉一場戰爭。**設定時間停損的原因，是避免進入到偏執狀態。**一旦進入到那種狀態，你只是花時間跟自己的情緒在對抗，你不是在做變強的訓練。

舉例子來說，假設你做了籃球訓練，規定自己一天要投進五百球，但當天風太大，你一直無法投進，這樣就必須要設停損時間，然後重新審視自己的訓練菜單，是不是風太大時可以做運球訓練等。你也不能在隔天就要比賽前，拼命練習，或是重訓一個晚上，那都是不對的。

對於真正追求頂尖的同學，即使他已經給出很棒的成績，我都還是會一直告訴他，還有什麼需要改善的方向，講出他目前仍有的缺點，或是可以再多做的事情，而那並不是一個受人喜歡的過程，於是我想用下面這段訪談回應這個點。

有一次 Kobe 受訪談時，他被問到：「你的方式好像不是讓所有的隊友都非常喜歡你。」他說：「如果我和你吃飯時，我看到你的嘴巴裡面有菜渣，我一定會告訴你，你的嘴巴裡面有菜渣。我可以假裝沒看到，選擇不告訴你，讓你在別人面前丟臉，但我一定會告訴你，雖然那樣的情況會讓我們兩個看起來有點尷尬，但是我不介意尷尬，而且我也不想讓你在其他人面前丟臉，所以我一定會跟你說你嘴裡面有菜渣，至於你要不要處理，就是你自己的問題了。」

當你無法分辨自己的情緒，就可以把問題提出來，透過詢問、討論，發展中遇到的問題，要靠再發展來解決。

「想像一個情形，你早上四點起來練球，練到七點回家休息，陪家人吃早餐，送孩子上學，十點回到體育館繼續練球到一點，之後回家吃完午餐，午休到三點起來，回到體育館練球，然後練到五點，準備晚上的比賽或是額外的訓練。試算一下，你已經完成多少訓練，日子一久，你跟你的競爭者差異擴大，這就是差距。再過幾年，不管他們做什麼努力都沒有用了。」——Kobe Bryant

我有一位學生，在第一次模考中就已經給出了近乎滿分的答卷，我告訴她不需要任何修正，不管是理解程度、技巧、觀念、情緒管理，都是無懈可擊。完美的解題方向配上強大的理解力，同時有經驗堆出的抗壓跟穩紮穩打的學習態度，在我看來簡直是完美戰士。

我在給她的報告中提到：「妳的『勝負心很強』，聽起來好像很負面，讓人看起來壓力很大，但其實本質上並不盡然。追求頂尖，可以成為一股風氣，感染其他領域，對每一件事情追求頂尖是風氣、提高效率是風氣、提升專注是風氣……這些風氣讓結果看起來強大，而且對參與者來說不是壓力，反而是一種享受。因此，當妳聽到『這人勝負心很強』時，妳也能露出自信的微笑，因為那並非粗淺的認知，而是一句真切的讚美。」

「認真」很有趣，「傾盡全力」也是，強大有很多種，在自己的領域中追求更高層次絕對是其中一種。

「總有一些人，世界因為他而更精彩一些。」

「Heroes come and go, but legends are forever.」——Kobe Bryant（1978 ~ 2020）

學生悄悄話

在我國中二年級時和宗義老師相遇，他跟尋常補習班的老師非常不一樣，沒有架子，和學生不會有距離，甚至會和學生開開玩笑，不過他所做的一切，都是為了希望他帶領的學生能一步步的成長茁壯。

觀察成績狀況，老師會視學生不同的學習狀態來約談，討論屬於各自的學習方法還有態度；遇到瓶頸時老師也會協助我們走出困難，甚至改變了我們許多不好的習慣，進而改變了我們的學習方式。

除此之外，面對不同的學生，宗義老師也會用不同的方式來引導學習，讓大家都能找到屬於自己的步調，由衷的希望我們能夠逐漸的成長、茁壯，可以說是無私且無償的奉獻自己，只為看到我們成長。

光仁國中▼松山高中　陳同學

42 偉大的平凡

不經打磨和努力，
天分也很難發光

這是我心目中最偉大的英雄。

二〇〇六年一個平凡到不能再平凡的日子，當時國際數學聯盟（IMU）主席約翰．包爾來到俄羅斯聖彼得堡的一幢房子前，他敲了敲門，應門的是一位四十歲左右的男人，這人蓄著長到遮住脖子的大鬍子，看似滄桑但沒有半點落魄。大鬍子男人看到來訪的主席，打開門邀請他進去。

約翰．包爾此行的目的就是讓這個大鬍子男人接受數學界的最高榮譽——菲爾茲獎（這項榮譽被稱為數學界諾貝爾獎）。但出乎意料的是，當他一開口表達來意，應門的大鬍子男人立刻拒絕。約翰．包爾耐心地遊說他四個多小時仍舊無果後，第二天不死心，又來遊說他四個多小時，這場長達八個多小時的勸說，後來被這個大鬍子男人以極其簡短的話語總結：「他給了我三個選項：一、接受獎項並來接受表揚；

二、接受獎項但不去領獎，他會寄給我；三、不接受。我一開始就跟他說我選三。」約翰・包爾第一次遇到這種情況，大鬍子男人也成了歷史上第一個拒絕菲爾茲獎的人。

這位大鬍子男人，就是大名鼎鼎的俄羅斯傳奇數學家——格里戈里・佩雷爾曼，《紐約時報》曾發表過一篇文章，標題就是斗大醒目的「佩雷爾曼，你在哪？」。

佩雷爾曼出生在戰爭時期，母親原本是很有前途的數學研究生，但為了撫養他，只好選擇放棄學業。佩雷爾曼沒有讓母親失望，從小就表現出對邏輯和數字的強烈興趣。十歲時，母親在他身上看到了不同尋常的天賦，於是把他送到「列寧格勒先鋒班」，佩雷爾曼在這裡遇到了自己最重要的啟蒙老師——盧可欣，一位培養三十多位國際數學奧賽金牌的優秀老師。

佩雷爾曼一進班就已經是佼佼者，因此馬上成為老師的助手，當時蘇聯對猶太人有種族歧視，學校也不例外，所以能夠以實力被別人認可，足以證明佩雷爾曼那時已非常強大，班級裡的同學跟他一樣都擁有數學特長，老師們也都是數學家。他大多一言不發地坐在教室後方，可一旦舉手示意，就是要糾正某人的錯誤，也許是同學、也許是老師，而且指正的內容簡潔得讓人尷尬，因此課堂上經常瀰漫著一股無形的壓力。

儘管佩雷爾曼已出類拔萃，但時代的枷鎖仍箝制著他，學校在選拔國際奧林匹克數學競賽題目上做手腳，故意出很難的題目給他，不讓他代表學校參加，可是他依舊突圍而出。身處自由世界的我們很難想像，佩雷爾曼在當時面對了多大的困難跟阻礙，才能穿上代表隊的衣服。

一九八二年七月，十六歲的佩雷爾曼在沒有額外特別訓練下，就代表蘇聯獲得國際數學奧林匹克競賽金牌，而且是以滿分獲得，至今這個紀錄仍是最高，沒有並列。

一九八九年，二十三歲的佩雷爾曼獲得數學博士學位，並在美國多所名校做訪問研究，直到一九九四年迎來自己的第一次突破，佩雷爾曼以令同行驚訝的簡潔性，證明了「靈魂猜想（soul theorem）」。靈魂猜想是拓樸學領域的難題之一，在此之前，數學家們試圖用幾百頁長篇大論來證明，都只能部分推進，而佩雷爾曼只用四張紙就搞定，這項成就讓他輕鬆在美國大學找到一個終身職，普林斯頓、史丹佛等名校紛紛遞來橄欖枝。二十八歲的他受邀在國際數學大會上做分組報告，在世界最頂尖的數學家席位中占一席之地。

到了一九九六年，歐洲數學學會決定頒給佩雷爾曼「傑出青年數學家獎」，這個獎項只頒發給三十二歲以下的年輕數學家，是歐洲最頂級的數學獎，並提供一大筆獎金，不過佩雷爾曼卻不感興趣，他婉拒所有榮譽跟邀請，因為他已經下定決心要投入

「龐加萊猜想」的研究。

佩雷爾曼選擇回到列寧格勒大學，因為學校允許他可以排除其他外務，只要專心研究數學。對於整個數學界來說，佩雷爾曼回到俄羅斯後，仿佛整個人消失了一般，連他的鄰居也很少看過他。據說，佩雷爾曼一直過著幾乎隱居般的生活，除了會定時光顧離家不遠的一家商店，他基本上不會離開自己的家，而且每次出去，佩雷爾曼買的都是一樣的東西：黑麵包、通心粉和優酪乳。獨自默默行走找尋數學之光，一走就走了七年，佩雷爾曼成功破解數學界七大難題之一——龐加萊猜想，並受到世人的矚目，然後就發生我們前面講的故事。

「如果今天你們覺得我配這份榮譽，我就接受的話，將來你們認為我不配了，我也得接受。」為什麼佩雷爾曼要拒絕金錢榮譽呢？首先，因為他的證明是基於哥倫比亞大學理查德．漢彌爾頓教授的理論架構，因此他認為數學界將證明出龐加萊猜想的所有光環歸諸於他，對漢彌爾頓是很不公平的；其次，拒絕菲爾茲獎是因為他不喜歡自己被像動物園的動物一樣展覽，對金錢也沒有太大的興趣；最後，佩雷爾曼認為主流數學界存在許多缺乏誠信（lack of integrity）的現象，在「接受獎章進而當責地揭發這些惡習」和「拒絕受獎安心地視而不見」，他選擇了後者。我想他肯定從學生時期就開始面對一連串的不公，因此當他終於有能力為自己跟時代說話時，心境肯定就像數學證明結束時寫上答案時的平靜，沒有任何猶豫。

年輕的佩雷爾曼曾經聽過漢彌爾頓教授的演講，後來在柏克萊大學也上漢彌爾頓教授的課，和漢彌爾頓教授討論數學問題。令佩雷爾曼印象深刻的是教授的無私和慷慨，因為他告訴佩雷爾曼一些研究結果，這些都是幾年後才公開發表。但佩雷爾曼在做研究時，曾經為了論文的功勞誰屬，和一位合作者起過爭執，這使得他對於學術行業的倫理感到失望。他認為獎項帶來的名利爭逐，已經破壞了他解決數學問題的純粹信念，也逼使他決定完全斷絕數學學術生涯。我想正是因為如此巨大的差距，佩雷爾曼選擇了更受自己尊敬的方式。

一位俄國數學家曾說：「要做出偉大的工作，你必須保有一個純淨的思維。你只能想數學，其他的事都是人類的弱點，接受獎項正是顯示出一種弱點。」也許是年紀到了，佩雷爾曼看淡了有人的地方就有的爭名奪利和勾心鬥角。對普羅大眾來說，錢很重要、榮譽也很重要，合法追逐名利並沒有什麼不妥，埃及《金字塔周刊》有一篇題為〈佩雷爾曼：最聰明的數學家〉的文章提到，只有金字塔設計者的後裔，才有可能破解龐加萊猜想這個百年謎題，在媒體天花亂墜刻劃「天才」的同時，多位專門研究天才教育的美國心理學家卻認為，佩雷爾曼取得如此巨大的成就，與其性格和家教有相當大的關聯，正因為來自母親最純粹的愛，耐心教育陪伴他，讓數學在兒子身上延續，疊在數學的神聖上更是不容被玷汙。這麼一想，對於佩雷爾曼最後的決定跟判斷也就不意外了。

獨自行走七年時間，在思考的大山上披荊斬棘，登頂後發現自己就是數學之光，那證明不只是數學上的勝利，更是生命的精神。

孟子說：「人之患，在好為人師。」我斗膽補上一句：「人之大患，在以己度人。」對自己重要的東西，對佩雷爾曼未必重要；對主流科學界來說，佩雷爾曼像是個異類，但對我來說，佩雷爾曼就是個下班後陪母親逛超商的平凡人。

只不過，是一個偉大的平凡人。

「獎金與我毫不相干，眾所周知，若證明是正確的，不需要其他的承認。」——俄羅斯傳奇數學家格里戈里．佩雷爾曼

學生悄悄話

宗義老師有魔法！他的教學熱情總能感染學生，讓學生對學習充滿了動

力。

孩子在國中八升九年級的暑假，有幸在宗義老師的指導下，穩穩迎戰人生第一場戰役——國中會考，成為「小綠綠」的一員。在會考備戰期間，讓我印象最深刻的是宗義老師會在模擬考後，認真幫孩子看各科題本，並與孩子討論，再整理出一份報告，分析孩子國英數社自各科的作題情形，並清楚告訴孩子目前可以做的事情及努力的方向，當他的學生真的沒有理由不努力！

說他是我女兒的數學啟蒙老師，一點也不為過，宗義老師從女兒的作題情形，找出問題所在，引導她在題目上找到更好的解法或是更精湛的思考，也鼓勵她嘗試講出自己的想法跟思考流程，一直到現在高二，女兒的數學成績在班上排名都能表現優異。

非常感謝宗義老師，一路上總是語重心長，不斷鼓勵引導孩子，一起尋找飛翔的方法，是您讓她變得不一樣，謝謝您！

北一女中王同學家長

43 謊言

沒有壞人，只有很壞的狀況

「那不是你弄壞的，它老了，只是你剛好在用罷了。」

故事發生在我參加一個競賽，以及在那個競賽認識的摯友。

從一開始的預選到進入真正的決選，我和其中一名選手實力一直都是伯仲之間，我們兩個都已經是確認代表出賽的選手，但仍然一直傾盡全力、互相對抗，原因是我們要爭取「主進攻手」的位置，領隊也識趣地總把我跟他分在兩隊。

比賽前一個月，領隊選擇了他作為主進攻手，而我則是主力後援，以戰術和擅長的技巧作為考量，包含我在內，大家都認為那樣的安排是最好的，但是我心裡仍然不是滋味。

我像個孩子耍脾氣似的在心裡 mur mur，希望他生病或是手扭到。

經過四個月集訓後，我們有了很好的默契，原本互相稱呼對方為勁敵，現在我們是搭檔，往往敵人面對我們，在開戰前就已經面露難色。隨著練習賽的持續，我們有了最好的搭配，戰無不勝、攻無不克。

但是在比賽前三天，他爸爸意外過世了。他向領隊請辭奔喪。

領隊示意沒問題，便把主攻手的位置給我。

沒人知道我一開始是怎麼想的，也不會有人知道我那時是怎麼想的。除了我自己。我，在隔天申請了退訓。

看到這裡的你，也許會說那不是我的錯，但我的感覺還是很糟糕，甚至是很羞愧。在那個瞬間，讓我非常討厭自己醜陋的一面。

他打給我，先跟我抱歉他家裡的狀況，並問我為何要退訓？他表示如果我們同時退訓，對隊伍的影響是很大的，而他能放心離開，就是因為我仍在崗位上。

我跟他坦白一切。

當時他在電話中，先是沉默了一會，應該說是沉默了好一會。

他最後不是說「不是你的問題」或是「不要在意」，他是說「沒關係」。

後來我們請他考慮回來比賽，他在最後一刻答應，我們最終也拿到優勝。

直到今天，這個回憶仍然不是那麼完美，但是在我跟他坦白之後，他仍是我的摯友，也會是一輩子的摯友。

「有時候苦澀的回憶，和朋友分享後，會變的甘苦參半。」

「誠實是對人最好的態度，只有在你面對的人是你自己時。」——蔡康永

說謊的感覺其實一開始是很輕鬆的，但是隨著時間推進，紙會越來越包不住火，此時你就要去想新的謊言，這樣的狀況反倒會讓自己更累，而且「說一個謊言，最令人難過的就是，你自己知道那不是真的。」

如果你有曾經說出口的謊言，直到今天都還沒被戳破，你要做的事情是努力讓它變成真的，讓那些信任你謊言的人，仍能抬得起頭，因為你能騙到的，都是願意信任你的人。

生活的確會有好多情況，壓得我們喘不過氣來，生命也不總是這麼美好，但那絕不能是我們墮落跟失去自己的藉口。

〈憶．役〉

有句老話說，人情練達皆文章。那些看似簡單的輸贏，都有好多的人情在裡面。

為了讓一件事情達到最好，總有著無限的爭執，兩個為了讓事情達到最好的交鋒，成了未來一次次在餐聚上的敘舊。

有的時候贏了不是贏了，輸了也不見得是輸了，那些讓步和妥協都有著道不出的冷暖，和許多立場不同的矛盾。

那些為了追求頂尖與夥伴的爭執，和那些與敵人聯手往前、只為再往前的追求。都在時間之後，成了一抹餘暉、勾勒一個從前不可一世的記憶。

或是，成了偶然相遇的瞬間，那無法被人牆和遙遠距離沖淡的，一抹相互敬重的微笑，那好像在說：「我也是，我也都記得。」

學生悄悄話

當初國三加入必勝班，原以為只是普通的自習班，沒想到在宗義老師帶領下，會是如此的特別。

幾乎每天在讀到快睡著時，宗義老師就會在台上開始「八點小故事」，精彩的故事配上黑板準備好的題目，或一篇鼓舞人心的文章，鼓勵我們快到山頂了，提醒我們「隨時警惕自己在最正確的點上」。讀書的動力馬上又有了。

除此之外，老師對每個學生都很用心，模考結束後，每個學生會帶著模考題本，跟老師一起檢討每一科還有哪些不足，以及研定接下來該做的事，讓我在準備時總有個明確的方向，放心許多。還有在會考前一晚，老師陪著期待又焦慮的我們，告訴我們心平常、自非凡，把自己準備好的寫上去。

宗義老師常說叫他宗義就好，叫老師會讓他有壓力。但我還是會叫老師，因為宗義老師對我來說是朋友，也是位值得尊敬的老師。

金華國中➤成功高中➤台灣大學　于同學

44 而立之年

認真用心準備，
期待收到禮物的那份喜悅

良師義有

「願過去成為使你溫柔的理由，而非束縛你的牢籠。」

我在課堂上問同學，想像你走進一間海軍官校的榮譽室，裡面有無數的偉人跟那些記錄著他們成就的表彰，在那瞬間，你能夠跟他們請教一句人生哲理，你覺得他們會跟你說什麼？「永不放棄」、「為他人付出」、「做更好的自己」諸如此類的答案在課堂上聽學生回答過，但我認為，祂們的答案都只會是「把握時間」。

因為這些人都已經離開了。

都說25歲以前的人生是為自己而活，25歲之後的人生多是為別人而活。而26歲的年紀，在30歲之前，是個很明確的時間分割線，不管是身體靈敏度的下降，還是熬夜後的反噬，都一直提醒著我，要把握時間。

寫了《房思琪的初戀樂園》的林奕含，26歲。

寫了《鱷魚手記》的邱妙津，26歲。

他們26歲的那一年，一定很痛苦，一定對這個世界非常非常非常地失望。

並不是要拿華文文學作家往自己臉上貼金，也沒有要談如何結束生命，那些抑鬱離世的人們，有的31歲，也有的38歲，還有的47歲……可以寫成一個維基百科頁面了。

我的生日總伴隨著畢業季，意味著開始，也是離別。

26歲是我教書的第三年，沒有了初次分離的苦悶，卻多了承接下一階段的壓力、期待落空的空虛、期許對立的弭平、和必須同時兼顧老友和老師的厭煩。

也許有天，我們都會變成曾經討厭的人。

不過，沒關係。

因為不管現在如何，曾經的回憶都不會消失，一起努力的成果也許並不盡人意，但總是一段值得抬著頭述說的過去。

也許你會有某個瞬間跟我一樣，突然徬徨不知道自己在做什麼。我記得有次穿上襯衫後站在鏡子前，卻怎麼也擠不出笑容，看著鏡子裡的自己，突然愣了一下，直接把襯衫扯爆，扣子散落一地。當天請了假，走出去游盪找自己。

沒找著，只得騙自己只是太累，隔天回工作崗位繼續工作。當時我有點迷茫，但卻不想面對那迷茫跟想清楚，我直接把自己再次投入到工作中，讓工作中獲得的充實感跟疲累感，填補那空虛，讓自己有一種虛假的踏實。

〈想飛〉

以為有了翅膀就能變成一隻鳥，在天空中自由的翱翔。

而如今，有了期待已久的翅膀，卻感受不到飽滿的喜悅。

甚至想不起沒日沒夜追求的，

到底是翅膀、飛翔，還是只要一種追求飛翔的感覺。

寫這本書時，再兩天我就要29歲。講個笑話，頓時覺得自己還是28歲，我同時以為自己是23歲、15歲跟7歲。

會有某個瞬間，認為全世界都對不起我，委屈到想哭，那就是7歲的我；會有某個瞬間，我只想任性，認為只要我努力，我就能做到一切我計畫的事情、達成遠大的目標，那就是15歲的我；也有某個瞬間，清楚地知道自己該做什麼，也知道該怎麼做，但不知道這樣做了10年之後再回頭看時，不知道現在的自己是不是對的、會不會後悔的徬徨，那就是23歲的我。

所以**「生日快樂」並不是期待新的一年的自然改變，而是鼓勵你已經走完的這一年**，有點像是「辛苦了」，明天仍要帶著上一年還有之前每一年的經歷跟年紀，持續前進。

「追不到的夢想，換個夢不就得了！」周杰倫是這麼唱的。或許每個人的想法不一樣，但我始終認為，如果夢想是個這麼容易就能被取代、被替換的東西，那麼你當初在追的那個東西，或許不是你真的夢想。

走出學校之後，就不會再有人幫我們加分、幫我們計嘉獎，所以我們更應該要互相打氣、互相鼓勵。若你看到你的夥伴露出疲態，不要吝嗇你的鼓勵；當你的夥伴獲得一些小小成就，也不要吝嗇你的讚美，做一個更溫暖他人的人。

或許每年的想法會有所不同，但我現在每次去上課，都會帶著「我要把我的禮物送出去」的心態，很認真用心的準備我的禮物（備課），而送完禮物（上完課）後，總會有一個滿足感，並期待他們收到禮物的那份喜悅（成長）。

「當你感到迷惘時，就回到原點，尋找初衷。」阿飛是這麼教的。在追夢的過程中，我們會迷惘，我們會失去方向，我們會走錯了路。當我們追夢時，除了不斷向前衝之外，是不是偶爾也該停下來，回頭看看自己，以及自己所走的這段路，有沒有走上了歧路，想想看，我們一開始要的是什麼。

知道自己要的是什麼，這很重要！

良師義有

「人生只能活一次，但若方向正確，一次就夠了。」

學生悄悄話

「一切都是最好的安排」，我其實認為，就算沒有宗義老師在，我總有一天還是能醒過來，但可能是三年，可能是五年，甚至是十年才行。

老師就是我們的催化劑，反應加快之後就瀟灑的離開，而正因為老師是催化劑，才會有其他人醒不來的問題，因為催化劑有專一性，有人不領情，家長不領情，學生不領情，甚至有時老師的同伴也不領情。但其實沒關係，我認為不管任何事情，「老師」這個職業，宗義老師已經把它發揮得淋漓盡致。

這一年半，非常感謝您，我想回送老師寫在我結業證書的這句話：「你不完美，但你很美。」以前都是老師為我們寫上那些精彩的文章，現在換我獻給您屬於我的文章。

「現在，你只是跟我們分道揚鑣；未來，我們同在前行。」

碧華國中　江同學

45 社團

不努力不是過錯，
但不努力肯定錯過

那是一個十五人一組的國際比賽，我被一位業界的老闆相中，他親自給我打了通電話，希望我能成為隊內的一份子。他說希望能看到我來徵選，但同時他表示這樣的電話他打了另外十通，邀請函更是發出去超過五百個，當天來的人都會是一時之選，前一年這項競賽的隊伍表現並不是太好，所以今年他希望能組成一支明星隊，讓其他隊伍好看。

我就好這味。所以當天我準時出席，也準備使出渾身解數去爭取十五人名單。

其實我到的瞬間，就已經清楚明白，這項徵選並不是那麼容易。因為我看到好幾個熟面孔，有非常多在其他競賽上得獎的團隊，以及沒有得獎的隊伍內最傑出的選手。禮貌性地先禮後兵打過招呼後，開始一連串激烈的競爭，最後我成功進入十五人名單。

好玩的事情才正要開始。在集訓前的餐會上，老闆表示比賽時會有超過五十個隊伍，但一共只有十個獎項，他說出任務困難度，同時也告知我們即將拿到的高額報酬，還有他許願我們達到的目標——全部的獎項，要把十個獎項都拿回來。

那位老闆並不是單純的出錢跟找人，他非常投入在我們的討論中，為期三個月的集訓，以及一個月的比賽，他真的做到了群策群力，我們熬夜，他就跟著我們一起熬夜，他理應是最沒有時間的人，但卻比其他出資不到他一半的老闆，更投入到這個競賽中。除了補給品，他也以前輩的角色，給我們很多戰術，以及團隊的意見。

「你是在看，而我是在觀察，那就是我們的差別。」——夏洛克．福爾摩斯

競賽最後的結果是：十項獎項中，我們成功攻下了九項。

老闆給隊伍每個人都發了感謝簡訊，我們甚至都還開玩笑的偷偷比較，看他是否只是複製貼上，結果並不是，因為每一個人的簡訊都清楚地講出了那名夥伴在隊伍的貢獻跟定位，無一重複。

在謝幕餐敘時，真的有種不想跟這些厲害夥伴分離的感觸，我那時心裡面是這樣想的：「接下來也許在某些場合，我必須跟這些這麼厲害的人對抗。」除了擔心，也有一些失落，因為我們的默契曾經是這麼好。

每個人輪流上台致詞，最後輪到老闆上去時，掌聲是最熱烈的。他表示，很開心做出這項投資，他花的時間一次比一次更值得，讓他有變年輕的感覺，但他最後提到的東西，才是我要講這則故事的原因。

競賽結果出來後，老闆發出感謝簡訊，他得到大家的回覆竟幾乎一致，那就是所有人都沒有自滿在團隊已經拿到的獎項，而是大家都問了同一個問題：「哪一項沒得獎？」

這表示，我們這群人對這個目標的追求感，我們並不只是把它當成目標，而是確實想要達到。

而建構這個超強團隊的祕密，除了老闆，還有我們的領隊。

「混世界的，這種事情誰都能做到。」這句話，是領隊掛在嘴邊的口頭禪，他真正做到了強到讓別人信服，也因為有他如此的鞭策自己，我們團隊才會如此團結，即使已經累到吃不下飯，但是看到這個人仍然這麼認真，你就會產生「好啦，也一起」的想法，**「用心」不只是態度，更是會渲染的情緒**。

今天這個隊伍已經解散快六年，有的出國、有的結婚、有的我已經不清楚他們到底在哪裡、在做些什麼，甚至有些人我已經記不清名字，只剩下長相還記得。

「人情似紙張張薄，如果要去在乎它的重量，你難免失望。但是，那張紙重要的從來都不是重量，而是上面寫的那些點點滴滴。」

在集訓的途中還有一個小插曲，當中有一個夥伴「非常有自己的想法」，不太有辦法跟別人配合，他老是獨來獨往，自己做自己的訓練，雖然技術無話可說，但是對團隊合作是不好的，而且他的做法也會使得他自己被孤立。

包括我在內的夥伴還有領隊，都有跟他溝通過融入團隊的重要，最後老闆出手。他在開團隊會議時，直接表示：「自己找地方獨自練習，你也是盡找輕鬆的事情做啊。」這名夥伴聽到後，抬起頭來，神情非常不悅，就在我擔心接下來會發生小衝突時，老闆繼續說：「隊友是後盾，但也是壓力，只要你能接納他們，他們也能接納你，若能做到這件事情，你要知道，你很幸運，因為那樣的團隊並非隨處可見，要好好珍惜。」

老闆語畢，他楞了一下，環視了我們一眼（我回想我那時的眼神，意思應該是「擔心」，包含了「我們需要你、你聽得懂嗎、拜託配合我們」這些想法吧）。他最後真正融入我們，並在決勝時給出巨大的貢獻。

有學生問我：「社團要參加到什麼程度？」我就會講出這個故事給他聽。他們聽完多半都會津津有味地想回去認真參與活動，但也有一些表示「那是企業的競賽，跟社團活動不一樣。」所以我還會跟他們說：「其他人我不知道，但我跟這位老闆搭上線的原因，是因為我某次在看籃球比賽時，加油喊很大聲，他才請祕書留了我的聯絡方式，然後一直到這個比賽才想到我，中間我們並沒有任何的聯絡，也許他有做過一些功課吧。」

良師義有 「越努力的人總是越幸運，天道酬勤、事實亦然。」

〈我不要聽你說，我要聽別人說你〉

有時候離開也不用解釋太多，就像電影有時候剪掉的鏡頭才是最美的鏡頭，因為會留給觀眾無限的想像。

時間過得很快，快到都還來不及看清那成長的步伐，就要再繼續往前進；也正因為這樣，我們才要在別人跟自己的回憶裡留下清晰美好的樣子，有點小情緒不是不好，因為那最後都是生活的顏色。

有各種情緒，生活才顯得繽紛。

最美的從來不是青春的夢，最美的，是曾在青春和你一起追夢的人。

學生悄悄話

「想清楚，想乾淨。」這是在求學階段宗義最常提醒我的一件事，也是影響我最深的一句話。

起初，我還對此感到不以為意，執著於選出正確答案而忽略了隱藏在題目中的觀念。直到發覺自己的不足，才逐漸改變我的讀書習慣。「想乾淨」成為了我往後訂正錯誤的標準流程，長久的訓練下，使我作答時不僅能夠精準地判斷答案，更能夠看透每道題目的背後意義。

宗義總能夠在最短的時間內找出學生的盲點，不論是段考或是模擬考，宗義都會和我一同檢討題目卷上的作答痕跡，在短短數分鐘內分析出問題所在。每次的討論都使我獲得更多動力來突破自己的極限，也讓求學的過程中不再孤單寂寞。

「給他一條魚，不如給他一支釣竿。」宗義從不告訴學生答案是什麼，而是在學生迷惘時指引方向，放手讓我們向夢想繼續邁進。

中正國中▶師大附中▶清華大學　林同學

46 強大的表現

不是能力越大舞台越大，
是責任越大舞台越大

很多人面試時，認為主考官主要是看學經歷，但老實說，「視覺上的第一眼印象」也是非常重要，「好看」是對的，讓自己變得更好，沒有任何懸念。**「先學加法，再學減法，打扮自己跟打扮生活都是。」**

良師義有

「能夠把形象打扮好，不只是養眼、得體，它包含的不但是對別人跟自己的尊重，更是強大、能力的象徵，因為這代表你能從容的兼顧工作跟生活。」

對於表演性社團，我都希望我的學生能夠爭取上台表現的機會，不要只待在舞台下面，「走上台表演」的經驗是非常棒的，因為那包含很多的練習回憶、排練衝突、為了讓表演更好的爭執，還有最後準備就緒上台得到的掌聲，都是青春最棒的回憶。去幫別人加油，也是很好，應該說是非常重要，因為任何的表演都需要互相鼓勵跟扶持。

不要害怕舞台上的燈光，就算用盡全力只獲得被嘲笑的機會，也是屬於你的回憶。

我記得自己大學時被推舉當「歌唱比賽」的主持人，我認真地把當下近十年的金曲獎典禮、各種歌唱比賽的演出都看過，還為每一位上台的同學寫了介紹詞。但我上台第一句卻是直接忘詞，「ㄟㄟㄟ……等我一下」這就是我難堪的開場。

當時被笑到恨不得立馬挖個地洞鑽進去，甚至後來慶功時，很多人都說：「你開場那個忘詞梗好好笑」，也有上台唱歌的同學表示：「看到你忘詞後，我覺得不緊張了，連主持人都忘詞了，我還有什麼好怕。」令人哄堂大笑的談話，讓當下的我有點尷尬，但也成了我後來鼓舞別人上台，給別人最重要的心理建設。

「舞台上的掌聲，只屬於在舞台上的人。」所以不要只待在舞台下，上去看一眼，你一定會愛上，能站上舞台那個經驗本身就已經是非常值得。

哪裡是舞台？有人的地方就是舞台。

我有一個「公活組」的學生，作為整個演出的行政統籌，活動當天雖然沒有表演，但我依然排除萬難去看了她的「演出」，她訝異的問我：「你來幹嘛？」我表示：「看妳表演啊！」她瞪大雙眼的說：「我又沒有要上台。」我說：「妳是要表演一整個晚上，每一個指揮都是妳的演出。趕緊上台了。」

她不發一語的開始她的「表演」，看到她忙到混亂，最後謝幕時在台上跟其他夥伴哭成一團，我沒有走過去，因為那都是她的演出，而我是稱職的觀眾，只需在她鞠躬時，大聲地鼓掌就可以。

強大有很多種，追求自我領域的頂尖、照顧非常多人、找到別人找不到的寶藏都是強大的象徵，但唯一共通的，就是自信的自我認知。**「不是能力越大舞台越大，是責任越大舞台越大。」**隨著年紀跟角色的變換，一定會面對更多困難和苦澀，但不要迴避眼前的挑戰，那都是名為精彩的篇章，世界就該很大，才更值得我們去挑戰、擁抱它。

以下是老師的叮嚀——

若你還沒參加過任何一場舞會，如果你是男生，要記得：

第一個，也是最重要的——一場舞會只能撩一個，現在妹子都有所謂的「妹子網」或是「妹子群組」，如果你同時出現在兩個地方，你就會被貼上渣男的標籤，而且除非你成績超狂、人品爆炸，不然很難被洗掉，這是最重要的一個點。

第二——搭訕很重要，整件事分成兩個部分：其一，千萬不要看起來像遊戲輸了，被起哄拱出去的，女生都覺得這樣很腦殘。其二，沒有人會第一眼就愛上你的個性，但外表會，因此去了就要讓自己乾乾淨淨，穿一件像樣的襯衫，給別人一個好印象，理髮店兩百塊就可以幫你洗頭加抓頭髮了，這樣看起來就比你旁邊的宅男猛一百倍。

第三——撩妹子的時候，不要看著人家的屁股跟胸部，更不要看腿，也就是說看哪都不對，只能看眼睛，而且不能亂飄。走過去跟她說，你從她進來就沒把眼睛離開過她，你覺得如果今天不過來跟她講一句話，你會後悔一輩子，然後分兩個回應模式：

第一，如果她沒把你放在心上，她會裝傻看著姊妹淘，此時你就真的成為低能兒。但也沒關係，因為每個人心中都有一個女神，而你鼓起勇氣和她搭話了。

第二，就是她覺得「歐給」，她會摸頭髮或是傻笑。總之，她不會轉身。這時候如果你會跳舞，就可以請她跳一支舞；如果你不會，就問她是否可以加個你有在用的社群軟體，留下聯繫方式，這樣比較不會有壓力。不要把你家的電話、你的電話、還有你的住址都告訴她，她不想知道那麼多。

最後，你是去參加舞會，不是去相親，所以不要預設立場，看到朋友就熱情一點，參加遊戲什麼的都主動出擊，不管主辦多爛、表演多差，拍手喝采都是要有的，記得，

「有表現就是好表現」。

如果妳是女生：

去穿件毛衣，然後一輩子都不要脫下來。

很熱也不行。

對。

開玩笑的。

我相信妳是個很棒的人，所以每一個鼓起勇氣來跟妳示好的男生，都是值得被好好對待。我一直教育我的學生，在學生時期可以多認識但不交往的想法，就是妳可以多認識朋友，或是一個朋友認識到很深入。如果妳有先入為主的預設立場，很容易會讓自己失去很多機會。

「不要浪費時間在不對的事情上，不要浪費時間在不對的人身上。」以這兩個想法為前提，剩下的判斷跟進退，老師覺得妳會處裡的很好。

學生悄悄話

「焦躁不安、失張失志」是我遇到宗義老師前的狀態。

那時的我雖然成績不差，但隨著年級的增長，在數理方面有逐漸偏科的趨勢，日漸累積的壓力及挫折，使我失去了面對挑戰的勇氣，並逐漸忽視自己的偏科。

升國三時，為了解決已然成為升學路上的絆腳石——數理偏科問題，我來到了宗義老師當時就職的補習班，也在因緣際會下進入了由他帶領的「必勝班」，還記得當時暑假剛開始還不用學校暑輔時，宗義老師就讓我們早上去必勝班讀書、練習解題，當時覺得我晚點到就好，反正也只是自習而已，但當我進門時，就看到宗義老師已經搬了一張椅子坐在台上，身後大大的黑板上有著今日需要完成的進度，以及鼓勵我們的話，那時我就知道，這個空間，是屬於能「警惕自己隨時站在最正確的點上」的人的。

從那時候開始，我聽從宗義老師的教導，勇於正視過往的問題並解決它，在每次與老師討論時，無論我的內心處於何種狀態，他總能用各種方法先將你的心態校正到應有的位置上，再循序漸進聆聽我的問題，並在適當的時機給出建議，讓我重拾信心去攻克一座又一座的高山。現在想想，在這些事蹟中，完美的印證了老師所說的「先交心，再教人」的道理。

在那些跟著宗義老師學習的日子裡，藉著每次的相處與談話，我從他身上看到了紀律、負責、樂觀以及務實，他不只教育了我們書本上的知識，也在身教、言教中督促著我們隨時要站在最正確的點上。一直到現在上了大學，經歷了國家研究單位的實習後，我真正的意識到，宗義老師傳授給我們的不僅僅是知識，而是一個心態，一個屬於勝者的必勝心態。

中正國中➤政大附中➤慈濟大學　蔡同學

47 突然長大

在人之上要把人當人，
在人之下要把自己當人

那是一次春節的連假，是一個時間很尷尬的假期，我剛從老家回來，而朋友們都回老家，空閒時間多到我不知道該如何安排；是一個想要放鬆，不想念書等開學的日子，但我又沒有錢去放鬆，所以我決定去當臨時工，看哪邊有缺人我就過去，最後選擇當「賣場的保全」。

賣場保全的工作內容還蠻多細項的，因為春節的關係，賣場人潮會比平常多出一倍，而且很多人都不算清楚，甚至有些買一大堆，但卻沒有將買的商品全數放上輸送帶結帳，所以我的工作有一項是：「抓出貪小便宜的人。」就是請那些沒有遵守「買東西要付錢」的人付錢。

案例其實是不少，但我特別想講這一個。

有一個伯伯，也是買了一車，特別是在那購物車底下放了一箱啤酒，我隱約感覺他一直在偷看我，所以我發現他的目光之後，也開始不經意的觀察他。
想當然，最後就是沒有把啤酒拿起來結帳。
我走過去，打斷他把東西裝入袋子的動作：「伯伯，你這個好像沒有結到，請拿出來再結一次。」我看著他結帳的，不是好像沒有結，實際上就是沒有結，我的語氣是賣場服務人員慣用的語氣，是很和平，只是單純的提醒。
但是他爆氣了。
「什麼沒有結！你眼睛是……」他大吼大叫的罵了一大串，講實話，依我以前的個性，當下沒有直接一拳往他太陽穴過去，我真的覺得自己的脾氣改善非常多。
現場馬上圍了一群看熱鬧的人，我看到督察已經準備走下來，賣場的經理也正往我這個方向走來。
我提高音量，用旁觀者都能聽到的聲音說：「伯伯不好意思，耽誤到你時間。等一下你把發票拿出來，如果你有結到，你要我幫你付這個都沒問題。但是如果沒有結到，我會上去請督察下來報警處理，現在請拿出你的發票。」
他拿出來，當然是沒有結到。
他不知道該說什麼的低下了頭，此時人證物證都在我手上。

「伯伯真是貴人多忘事，一號櫃台補結就可以了。」我幫他把車子推過去。結好後，他小聲的說了一句謝謝。

良師義有 「浪子從不回頭，只是成長再昇華了。」

「我以前以為人是慢慢長大的，但其實不是，人是突然長大。」直到今天，我仍然不知道為什麼我當下會是這個動作，但我總覺得「這樣才是對的」。

除了得饒人處且饒人，我也有「多一件事不如少一件事」的想法，在這件事情發生以前，我一直認為自己是那種，遇到這類事情發生時，會據理力爭的類型。但真正發生在我身上，我認為有些事情今天過了之後就沒那麼重要了。

「你怎不給他死，你不敢喔？」我跟朋友講這件事情時，有一次得到這個反饋，我認真思考我是「不敢」嗎？相比曾經，我是否變得膽小了。

我想並不是。

不是變膽小了，只是成長跟昇華罷了。

「翹課、打架、忤逆父母、嗆聲老師，懵懂的『敢』做所有關心我們的人害怕我們做的事情，同時認為自己非常『勇敢』。

但那其實不是『勇敢』，那只是『敢』罷了。那些『敢』在你的好友看來，不過是幼稚的耍賴，撒嬌而已，自己看似在追求自由的行為，其實是仗著有人關心我們，或渴望有人關心我們的『愚昧』。

一個人足夠愚蠢，哪有不『敢』的。」

良師義有

「要看一個人的氣度，不是看他對上位者的態度，而是對看他對下位者的態度。在人之上，要把人當人；在人之下，要把自己當人。」

學生悄悄話

「一個平凡午後，老師站上台準備開始上課。未料突然有個女孩急匆匆地走入教室後方，從原本的壓抑啜泣，轉變成了嚎啕大哭。老師不得不放下手邊的事情，走向她，試圖安慰女孩。」

是的，那正是國中時的我，一個麻煩的女孩。

而宗義則是那個老師，那個不厭其煩地解決各種學生囧事的萬能老師。

「你需要去過濾你接收到的資訊」宗義很久很久以前就跟我說過這句話，

當時的我不夠成熟，無法理解這句話真正的意思。

我曾經是個不善溝通、表達，且情緒化的人，常常與家人、朋友產生爭執與不諒解。因為學不會過濾接收到的資訊，總是將他人情緒化的言論照單全收；無論是同儕的八卦閒話，還是父母的批評和比較，我都會深受其擾。這樣不穩定的情緒，讓我在備考時吃了不少苦頭，總會在每件事情上鑽牛角尖，也容易因外界的風吹草動而被左右。

印象最深刻的，就是自己曾在教室後面大哭，哭到上氣不接下氣的那種。依稀記得有一次，媽媽事先答應和我一起出遊，但因工作突然無法兌現，她反而藉機責怪我應該好好讀書，而不是玩樂。當時我無法同理媽媽工作上的辛苦，只放大了自己被放鴿子的失落感與被責怪的委屈感，任憑情緒駕馭自己的思緒。「你需要去過濾你接收到的資訊」，正是那天宗義跟我說了那樣帥氣的一句話，只可惜年幼無知，有聽沒有懂。

現在回頭細細品味那句話時，我對它有了更深的體會和感激之情。我感慨自己當時不夠成熟，因此走了許多彎路，承受了許多不必要的情緒與有毒的言論；同時我感謝這句話與宗義的陪伴，讓我能在過去的經驗和教訓中，更加了解自己的情緒定位，並學會判斷世上的是是非非。

回想起國中的日子，時常被情緒干擾的我，因此在會考時慘敗。在那段不諒解自己失常的日子，我收到宗義的一封親筆信。信中有一句對我影響深遠，也改變了我許多負面想法，他寫下：「一切都會是最好的安排。」

我所處的國中環境充滿競爭和勢利，那三年的我只能用三個詞來形容：壓抑、比較和排名。我之所以讀書，是因為父母給的升學壓力，這種被動的求學心態讓我感到痛苦不堪（僅管我也非常努力）。然而，在收到會考慘不忍睹的成績單後，我抱持著要雪恥的決心，與對「一切都會是最好的安排」這句話半信半疑的態度，踏進了景美女中。

因著內心深處的不甘，我與國中時的自己簡直判若兩人。自發地於課堂上確實吸收完知識，想打瞌睡時主動站在教室後面聽講，下課巴著老師們問問題，放學後留在圖書館複習和預習上課內容……自發性的學習成果體現在成績單上，老師們也讚賞和關愛我，父母也給予我更多的自由。我為自己的努力感到驕傲，但沒有讓自己變得傲慢，相反地，我更加勤勉、謹慎地面對高中每個大大小小的考試。

高中三年也不能說是一帆風順，難免有人際交往碰壁或在考試中失利的時候。這時腦海總會出現宗義溫暖厚實的聲音：「一切都會是最好的安排。」在我遇到朋友的不理解、考卷上不漂亮的分數、模考不好看的成績單時，這句話就會像夜晚的燈塔，堅定且溫暖的帶領我繼續努力。直至我已成年的今天，我依然深信「一切都會是最好的安排」，這樣的信念讓我受惠良多。

回首一路以來的種種，那些酸甜苦辣如過眼雲煙。在這些有如幻燈片的回憶中，宗義的話與教導，帶給我很深刻的影響與改變，讓我敢於拒絕不適合的人與環境，並從挫折中轉念與學習，抬頭挺胸地書寫屬於自己的故事。

「老師，我覺得這次考試又表現不佳的自己好差勁。」

「失敗者和廢物的差別是什麼？失敗者仍可以努力和熱愛事物，所以他們被尊稱為『失敗者』，可以努力是一件很幸福的事。」

金華國中▼景美女中▼中央大學　吳同學

48 度量

懂你的人不用解釋，
不懂你的人解釋也沒用

故事的背景是有一個女孩意外懷孕了，後來被父母知道，他們就逼問女孩，這個孩子是誰的。女孩最後被逼的沒有辦法，就說孩子的父親是山上廟裡的一個和尚。後來這個孩子出生，女孩的父母就抱著這個孩子上山去找這個和尚。

和尚一聲沒吭，認下了這個孩子。從此之後，這個和尚每天都抱著孩子挨家挨戶討奶喝。很快這個事傳遍了整個小鎮，背後說什麼的都有，和尚經常被人指指點點，甚至辱罵。

很快，女孩受不住內心的煎熬，承認孩子的父親其實是另有他人，與那個和尚沒有任何關係。女孩和父母一起慚愧地找到和尚，看到和尚很憔悴，但是孩子卻非常健康，他們滿心愧疚，但和尚依舊沒有多說，便把小孩還給了女孩。

這個和尚被別人冤枉，名聲掃地，天天被眾人戳脊梁骨，卻始終不辯解，這是為什麼呢？

他是這樣說的：「出家人視功名利祿為身外之物，被人誤解於我毫無關係。我能解女孩之困，能拯救一個小生命就是善事。」當我們被誤解時，會花很多的時間去辯白。但沒有用，沒人會聽，也沒人願意聽。

每個人其實都很固執、也很片面，都是按照自己的想法做出判斷，甚至決斷。他若理解你，起初就會和你站在同一陣線，從始至終的理解你，而不是聽你一次辯白而變換立場。與其努力而痛苦的試圖扭轉別人的判別，不如默默承受，給別人多一點時間和空間去思考跟求證。省下辯解的功夫，去實現自身更久遠的人生價值。

「渡人如渡己，渡己，亦是渡人。」

大多數人都只相信「看到的東西」或是「想看到的東西」，所以倒不如什麼都不解釋，而是用時間和實力去證明自己。被誤解的時候，用盡全力去解釋自己所遭受的誤解，其實是巨大的損耗。即使把時間、精力都賠上，也不一定能得到你想要的理解和認同。

「重要的不是別人看待我的方式，重要的是我看待自己的方式。」

別人的意見、看法，都是別人的，其實和你沒有太多關係。如果太過在乎，這些誤解就會變成一把單刃劍，傷不了別人，最後傷到的只是你自己。

「人的度量是冤枉撐大的。」——馬雲

誤會的澄清不在於你做了什麼，而是取決於別人對你的印象，即使你耗費所有力氣去解釋，別人相信的依然是對你的最初印象。

所以，當誤會解釋不清楚的時候，我的建議是「不要解釋」，越在意、越糾結，只會讓自己深陷其中。誤會發生時，最重要的不是「被誤會」，而是「自身所受誤會的影響」。生活中，面臨誤解的時候很多，嘈雜聲一多，就像是一瓶水起了無數氣泡，這時要做的事只有一件，就是等這些氣泡消失。把精力放在推進自己的成長，那些誤解的吐槽聲，在你的不斷進步中不知不覺都會變成了讚揚聲。

「只看到討厭你的人，這對喜歡你的人來說是很不公平的。」

每次有學生被別人誤會，我都會跟他說：「懂你的人不用解釋，不懂你的人你解釋也沒用。」

不過，總是會有人「過不了自己那一關」，所以就有了以下的故事。

故事背景是兩個和尚要過河，一老一小。

在準備過河時，看到一旁有位身材非常火辣的小姐也要渡河。於是老和尚走過去，表示他可以背這位女生過河。

安全過河之後，小和尚開始指責老和尚：「我們出家人男女授受不親，怎麼可以有這樣的行為？」

老和尚只是淡淡地回了一句：「我已經把她放下來了，你怎麼還把她背在身上呢？」

良師義有

「當下即釋，當下即是。」

49 幸福

成就對方的美好，變成更好的自己

張無忌放棄了江湖與江山，把幸福給了趙敏、把牽掛給了小昭、把漂泊給了蛛兒、把憾恨給了芷若……

楊過和小龍女最終成了神仙眷侶，也許他知道、也許他不知道、也許他裝作不知道，程英和陸無雙為他負盡青春、拋盡韶華，郭襄為他天涯思君、念念不忘。

我們曾經深深地愛過一些人，愛的時候，把朝朝暮暮當作天長地久，把繾綣一時，當作被愛了一世；也許愛情與幸福無關，也許這一生最終的幸福、與心底最深處的那個人無關；也許將來的某一天，我們會牽住誰的手，一生細水長流地把風景看透。

陳家洛不願負天下人，便負紅顏，一個為他香消玉殞，一個因他寂寞餘生；也許是他的命運早已註定。於是你終於明白，幸福是一件多麼可遇不可求的事情。

可為何飛蛾仍要撲火，執著一生？也許就如李莫愁時常低吟的那樣：問世間情為何物，直教人生死相許。

有一個人教會你如何去愛，但是，他卻不愛你了。

有一個人你一直在等他，他卻忘記了你。

有一個人他想離開了，你卻沒有絲毫挽留，因為你漸漸明白，挽留是沒有用的，你能給的，只有自由。

愛你的人，對你的要求很少，可以在很想你的時候看看你，可以在寂寞的時候和你說句話，這就是他所有的幸福。天若有情天亦老，人若多情老得早，此情待可成追憶，只是當時已惘然。

幾米說：「當你喜歡我的時候，我不喜歡你；當你愛上我的時候，我喜歡上你；當你離開我的時候，我卻愛上你。」到底是你走得太快，還是我跟不上你的腳步？

我們錯過了諾亞方舟，錯過了鐵達尼號，錯過了一切驚險與不驚險，但我們還要繼續錯過。

但是，請允許我說這樣自私的話。多年後，你若未娶，我若未嫁，那我們能不能在一起？記住你欠我的幸福？

改寫高考滿分作文〈誰欠誰的幸福〉

如果我們被告知，這輩子只能去一次迪士尼，我們會不會把握時間大玩特玩呢？

人生也是一樣，每天都只有一次。

愛情跟目標都一樣，最痛的從來都不是「失敗」，而是「我本來可以」。

雖然我自己感情發展得不怎麼樣，但是女學生有時都會帶男朋友過來「叫我看一下」，我都會回：「不要浪費時間在不對的人身上，不要浪費時間在不對的事情上，剩下的我都覺得你自己可以判斷得很好。」

在爸爸的角度，男朋友永遠都不可能及格，沒拿著球棒開門就已經是我最大的讓步。有不了解、也有懷疑。

你可能會說：「那等我把自己準備好，再去告白。」也許有人覺得不錯，但我覺得這樣不好，因為我認為告白是「勝利的凱歌」，不是「衝鋒的號角」。

即便你認為已經把自己「準備好」後，再去告白，還是意味著你有「求」跟「請」。

我覺得最好的方式是，你透過跟喜歡的人相處，你會知道他是不是對的人，「他是在拿走你的能量，還是在給你能量」，答案就很清楚。不用強調「他是我男朋友」或「她是我女朋友」，認真跟他相處，讓對方了解你、也讓你自己了解對方。

然後等到某個一起走路回家的夜晚，雖然不知道要聊什麼，但你們仍然相處的很自在，這時候就不用再確認什麼了。

是我就不會等，因為這世界上有太多不敢跨出第一步而孤單的人。

如果你正在戀愛中，我想告訴你，你要分清楚「激情」跟「愛情」。

熬夜準備的節日驚喜，是激情；

一年後仍願意為對方舟車勞頓接送，是激情。

放棄自己的學業，成就對方的夢想，是愛情；

吵架吵到不理對方，但仍想要一起再走一段，是愛情。

不是愛上那個人之後，你就要給出你的一切；

是你愛上那個，你願意給出一切的人。

愛是「成就對方的美好」。

最後留在身邊的也許不會是你最喜歡或是最愛的人，但肯定是相處起來最舒服的。

每件事情都要學習，即使分開，你也能從這段經歷變成更好的人，然後把最好的自己，交給願意跟你走一輩子的人，保持這個大方向，即使走偏，終點仍不遠。

50 曲終之前

如果把問題交給時間，
會失去把握的機會

這篇不是故事，是一個體悟。

生活中的事情跟困難，多半是「遊戲」而不是「競賽」。

如果是比賽跑步或者是游泳這樣的「競賽」，不用多說，規則會訂得非常清楚，強的人才能取勝；但是生活中很多事情並不是這樣，有很多像我這種弱者也可以找到取勝機會的「遊戲」。

老是把「辦不到」、「我做不到」掛在嘴邊，根本不去找「取勝機會」的人，一味抱怨規則跟環境，久而久之就會成為「真正的敗者」。

拚勁、不屈，「只要我比別人努力一倍，我一定也可以做到」的自尊心，是我一直以來給學生的觀念，至少發生在自己身上的問題，不能依賴別人解決。

「從來就沒有『接不到』的球，只有『沒接到』而已。」

在我幫助學生的教學生涯中，聽過無數的空頭支票：「我要帶領我們隊伍拿優勝」、「我要考上第一志願」，這些話當下絕對不是謊話，肯定都是真心話，而且我到今天都還清楚的記得，哪句話是誰說出來的。雖然那都是毫無根據，甚至是語帶瘋狂的滑稽言論，但到現在我仍舊清楚記得。有時我也真的有點洩氣，總認為這些夥伴都只是齒輪鬆了，只要把齒輪修好，他們仍可以繼續往前。但多半不是，多半只是「眼高手低」。

「太天真了，以為空有才能，機會就會自己找上門。」

通常書本都會鼓勵讀者要去「追求夢想」，但我不想這麼寫，「追求現實」才是我一直以來傳遞的想法，你追求現實，但不是「以夢想做為代價」，而是「以夢想做為基礎」。

築「夢」踏「實」。

「我下次會努力」、「我會改過自新」看起來激勵人心、大澈大悟的話語，其實是逃避現實的「未來話」，對於一直逃避現實的人，再動人的話也只能讓他們起步後維持三分鐘熱度。身為應該「活在當下」的人，卻老是說出「抱歉，我下次不會了」，總把問題交給時間，當你醒覺，你會失去把握的機會。

我公司的業務都非常清楚，我們不需要「做不到標準業績的努力員工」，如果達不到標準，他就會拿到一筆離職金，簽約時就已經講得很清楚。有一次有一個年輕夥伴，在結業績前的兩天，頂著巨大的業績差距，走到我面前天真的說：「希望能有再一搏的機會。」我直接說：「不可能，這是規定。」他接著說：「希望為自己再努力一次。」我直接回：「你的意思，是一直以來你都沒有在為自己努力嗎？」

依賴運氣來擲骰子，理論上每擲出六次骰子，就會有一次擲出一點。於是開始不斷地擲骰，茫然的等待那個一點，即使連續一百次不中，仍然說出「下一次一定會擲出一點」執著地繼續擲、繼續擲，看起來荒誕的行為，卻依然繼續發生在很大一部分的人身上。

世界的規則並不是這麼回事，如果你擲一百次都沒有擲出一點（你為你的目標努力，但卻一直沒有成效），你應該要質疑手上的骰子是否被動了手腳（理解到底是規則錯，還是執行方法錯誤），為了討回失利（錢、時間成本、營運成本），你要想辦法換一個對你有利的骰子（讓規則倒向你這裡、對你有利），這就是現實世界，**自己不去行動，情況就不會改變。**

相反的，只要行動，就會帶來些許改變。

不管是在哪個位置，我一直都是「最好叫的領隊」，因為我很討厭那種「如果我昨天有來就好了」的悔悟感。

「只要你還能努力，你就是幸福的。」這真的是出自我最痛苦的話語。

也許因為充實，十年教學生涯在我身上一下就過了，但隨便喊一個學生都能聊上一小時；我都還記得他們穿著國中制服，討論題本的青澀模樣；等到他們升上高中跟他們說：「你穿這身衣服真好看」的升官祝福；也都還記得因為期待不同所產生的衝突，和體諒後仍希望對方能認同自己立場的堅持；以及在那之後去看他們表演的笑聲與掌聲。

才一下子都要吃謝師宴了，才一下子他們也都開始當別人的老師了，和我討論如何把學生教得更好，鼓勵朋友、鼓勵自己。少了良師義有的叮嚀，都是荒唐的回憶玩笑。

吃飯的當下，令我開心的除了回憶外，更多的是那天過後在你身上我再也沒有老師的身分壓力，不用再擔心你成績甚至是未來，可以好好當朋友了。

你不知道，過去我多麼想只跟你們當朋友。

「如果當時」的幼稚許願，也荒唐的發生在我這種有經驗的人身上。

「我終於知道你之前跟我說……」這種話的出現，早在我預期中，我以前都說當這天來到了，我會跟他們說：「我早跟你講過了」，但真的當這天到來，我卻提不起這話筒，只是笑笑，不用再多解釋什麼。

「即使還是一群蝦兵蟹將、即便仍然踉踉蹌蹌，也要在自己的舞台上變得更強。」都十年了，也還在講這種童話故事的語句。

雖然荒唐，但我相信大家只是不講而已，大家都還是這麼想的。

即便荒唐，但我越來越相信，只是一句簡單、溫暖的話，裡面卻可以包含無窮的力量。

「時間不等人、人心不留人，走自己的路、邁自己的步。不管結果如何，都沒有時間留給你原地踏步，因為之後快樂的日子會更短暫，逝去的、失去的都過去了，未來要好好珍惜。」

「悟以往之不諫，知來者之可追；實迷途其未遠，覺今是而昨非。」——陶淵明〈歸去來辭〉

幕前

今天再大的事到了明天就是小事

不管多麼不願意承認，旅程終有到站結束的一天。每一學年帶班，我都有做完今年就離開這個崗位的抱怨，但最後都有還好留到最後的慶幸。

「今天再大的事，到了明天就是小事；今年再大的事，到了明年就是故事。」

「你是讀書讀上癮了嗎？」家族聚會不時還會有人這樣調侃我。

讀到這邊的你，會跟我一樣有很多話想回答他，但是又不知道要從哪邊開始講起，他不明白我們為什麼這麼努力跟投入。

「努力是為了什麼？」也許是為了明天的考試、未來的夢想、家人的期許，也為了社會賦予我們角色的職責。

其實那都只是虛名，都是後來附加上去的結果。做一件事情，倘若一定需要一個理由，我想我絕不會走到這裡。

「失敗者」跟「廢物」是不同的，失敗者可以去愛事物，即使不能如夢想般大放異彩，仍可以堅持守住自己夢想的壁壘，所以他們可以被「尊稱為失敗者」。

就像我一樣。

不論今天發生什麼，隔天太陽還是會升起來，時間從不會因為你的苦痛而停滯它轉動的步伐。**黑夜從不會因白晝的到來不再降臨，但也不用為夕陽的餘暉感到惋惜，因為最美的星空總在最黑暗的夜。**

一個故事的結尾是由作者決定，即使在生命中多半的時間我不能當作者，但我仍可以當最佳男主角，去演好我的角色。

「事情變好前有可能先變糟，即便那樣，不論是今天還是明天，我都希望能成為我故事裡的英雄。一旦我選擇那條路，就只有我能說我自己是蠢蛋。」

我希望我能寫的不只是故事，而是一篇傳奇。

「傳奇」絕不是童話故事，既非童話故事，內容將充滿現實。現實是我也曾經是一個很沒有自信的人，我也曾蜷縮在角落拿起筆記本一個字都寫不出來，就只是站在隊伍的後方，等著運氣召喚我。所以我拚命追求卓越，深怕暴露出我的弱小，乃至懦弱。

「在迷途的交叉口，人總需要指引。」家人是你永遠的避風港。

你不會比別人更好，你也不會比別人更差，習慣是個問題，你要做的就是對你的選擇有自覺，並對它負起責任。記得沒有領先跟落後，在你的時區，一切總會準時。

照顧好你的家人。有能力的人都是對家裡的人輕聲細語，對外人據理力爭，不要做反了。記得在任何時後，特別是跟父母溝通的時候，除了情緒性的回應，別忘了帶上溫暖的關心，那會讓你看起來更成熟一點。

學習不存在一步登天的方式，那些看起來輕描淡寫的成果，其實是由日以繼夜的細節積累起來，沒有一個答案能解決全部的問題，有的只是一次又一次的夜讀，和那些與夥伴嘲弄學術困境的笑聲。銘記追求時的成長和努力，不只是那些知識，還有做事的傻勁，一股腦地往前進，然後因為疲憊掉進水坑，和夥伴一起歡笑的回憶。

我想用這個段落謝謝我的學生，以及認真看到這邊的你，讓我用我的方式和你對話，引導你。

我認為自己能指導到的學生，都表現得無可挑剔，每天在細小的事情上表現得使我驚豔，我充其量只是滿身花招的惡棍，老師這個詞對我來說很沉，因為那包含很多的意義和責任。

在我開始當老師時，我有個計畫，我希望讓學生成績進步，拿到的門票比我大張，但是計畫後來失敗了，因為教到後來都不是在教書；我以為我是來帶學生，結果大家一個個都變成考生、老師、醫生、英雄、領袖。就這兩點，我想要跟你們說聲謝謝，並以自己曾經能指導你們成長自豪。

曾經那份追求美好的態度跟經驗，是無價的禮物，希望你能把它收好。記得經驗永不過時，智慧亦然。

法國詩人謬塞說：「最美的詩歌是絕望的詩歌，有些不朽的篇章是純粹的眼淚。」倘若真的能用那些眼淚集結成最美的篇章，多些眼淚，又何妨？我不會告訴你，接下來的日子將會無比輕鬆，相反地，它將充滿困難、考驗跟挑戰，有的時候你會面對艱難的選擇，情況會壓得你喘不過氣來，那個時候你要記得：「當你在那個位置時，就把那個位置的責任扛起。」

「當你要做決定時，為你和你身旁的夥伴，做一個正確的決定。」

不是能力越大舞台越大，是責任越大舞台越大，你能扛起的責任會決定你的位置到底在哪・不要畏懼眼前的責任跟挑戰。

有句老話說，你不會遇到你無法解決的問題，一旦你走得快，會有人傷害你、會有人對你冷嘲熱諷，記得「胡琴怕弦斷，英雄怕自滿」，人的度量是冤枉撐大的，多一些設身處地的著想，少一些嚴厲的批評，你會看起來更成功一點，也只有在這個時候才能真正展現一個人的氣度跟格局。

「如果熱情能在舞台上被看到，它就值得閃耀。」

有一種不會褪去的專業是熱情，一個團隊的建立，會需要領導的帶領，若你能幸運的成為那個角色，要記得你的熱情只有四分之一會傳給夥伴：如果你是一百分，他就只會有二十五分；如果你是六十分，他只剩十五分。所以如果你需要一百分的學員，你必須表現出四百分的熱情。

我期待你能成為那個人。

任何時候發揮你的影響力，讓你的團隊跟環境變得不只是好，而是與眾不同。

「青春是由一連串的挑戰所鋪成的舞台劇，當燈光照向你的時候，你就應該用盡全力唱出那最艱難的一段，就像那高亢的嗓音，希望你的篇章那般精彩。」

最後，我想分享自己真正學習到如何考試或者奪冠的瞬間，那是在我拿到第一個獎牌的剎那。

我以為我會去弄個派對，或是去慶祝一下，但是在那天、那個當下，你才會明白，你拿到的那面獎牌，並不是因為在那天或是那個晚上的表現。你拿到那份榮譽的原因，是從你起床的時刻就開始；從你一周內有兩天是段考、兩天是模考的禮拜六，你依然準時坐到書桌前；或是你發燒四十度在家，退燒藥一吃，三十八度時就已經坐回書桌前。

那就是你奪冠的時刻。

每天重複那些無聊的例行公事，磨練你的技巧。背上書包、帶上講義、準備一天的行程和訓練，去班上做好所有準備工作，然後、當然，再一次去練習那些令你成長的觀念。

那就是我每天的例行公事。最不可思議的地方是，我熱愛那樣的生活。成長的感覺令我著迷，看著夥伴成長的感覺，也令我著迷。

我不相信天分，我能有一些小小的成就，是因為我過去每一天都非常的努力。若非那樣，我沒有機會去認識那些比我還要更優秀的學生、夥伴們。

所以如果你跟我一樣，沒有什麼特別的天分。
此刻你跟我一樣想成為比我更好，或是引領別人成長的人，
投注你的努力，然後讓那些神奇的力量帶著你往前邁進。
希望能在追求夢想的道路上很快與你相遇。
See you soon.

結語

看完所有故事的最後，我希望你能設立一個新的目標，或是在你原本的活動或是計畫上設定目標。

為什麼一定要有目標？

因為有目標就有願景，有願景就有驕傲，有驕傲就能帶著優越感進步。不需要很大，甚至是早睡早起這種小事情，也是需要花精力去實踐。

「先求有，再求好，求好之後成經典。」

若您是領導階層或是老師，看完這本書後覺得很棒，我希望您能夠找個夥伴一起再看一次，引導他看。花十分鐘看完某個故事，您可以跟夥伴討論故事的內容或是故事的某句話，這樣您和夥伴就會有針對這個想法的結論，這是很棒的。

「完成一件事情，需要的是一個計畫，和不是很充裕的時間。」

不管你多麼不願意承認，這樣的旅程就會有結束的一天，天下也從來沒有不散的筵席。辦一個活動是為了什麼？也許是為了認識夥伴、為了創造回憶、也為了留下感動……講不完的理由是我最大的寶藏，那也將是你投入後的寶藏。

幹部的頭銜只意味著更多責任和負擔，提醒你不能倒下，因為你還有東西得扛，那些你在接下來的故事裡看到的痛苦跟眼淚，甚至是厭煩，也許都會發生在你身上。

所以這些故事不適合每一個人。

這些故事是給那些知道什麼叫累到吃不下飯的人，是給那些無時無刻鞭策自己前進，只為了給夥伴更好指引的人，是給那些不想留下故事而想留下傳奇的人。

所以這些故事不是給每一個人，這些故事是給你的。

祝福你

蛻變，陪你從平凡到不凡

50個感動人心的青春故事讓你找回熱情不卡關

出版者●集夢坊
作者●陳宗義
印行者●全球華文聯合出版平台
總顧問●王寶玲
出版總監●歐綾纖
副總編輯●陳雅貞
責任編輯●蔡秋萍
美術設計●陳君鳳
內文排版●陳君鳳

國家圖書館出版品預行編目（CIP）資料

蛻變，陪你從平凡到不凡：50個感動人心的青春故事讓你找回熱情不卡關／陳宗義 著
-- 新北市：集夢坊出版，采舍國際有限公司發行
2023.10　面；　公分
ISBN 978-626-95375-9-4（平裝）
1. 青少年教育　2.青少年心理　3.青春期　4.文集
528.4707　　112015456

台灣出版中心●新北市中和區中山路2段366巷10號10樓
電話●(02)2248-7896　傳真●(02)2248-7758
ISBN●978-626-95375-9-4　出版日期●2023年10月初版

郵撥帳號●50017206采舍國際有限公司（郵撥購買，請另付一成郵資）
全球華文國際市場總代理●采舍國際 www.silkbook.com
地址●新北市中和區中山路2段366巷10號3樓
電話●(02)8245-8786　傳真●(02)8245-8718

全系列書系永久陳列展示中心
新絲路書店●新北市中和區中山路2段366巷10號10樓　電話●(02)8245-9896
新絲路網路書店●www.silkbook.com　華文網網路書店●www.book4u.com.tw

跨視界．雲閱讀 新絲路電子書城 全文免費下載 新・絲・路・網・路・書・店 silkbook.com

智慧型立体學習

本書係透過全球華文聯合出版平台（www.book4u.com.tw）印行，並委由采舍國際有限公司（www.silkbook.com）總經銷。採減碳印製流程，碳足跡追蹤，並使用優質中性紙（Acid & Alkali Free）通過綠色環保認證，最符環保要求。

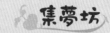